中学生の質問箱

平等ってなんだろう？

あなたと考えたい身近な社会の不平等

齋藤純一

平凡社

私たちの生きる社会はとても複雑で、よくわからないことだらけです。困った問題もたくさん抱えています。普通に暮らすのもなかなかタイヘンです。なんかおかしい、と考える人も増えてきました。

そんな社会を生きるとき、必要なのは、「疑問に思うこと」、「知ること」、「考えること」ではないでしょうか。裸の王様を見て、最初に「おかしい」と言ったのは大人ではありませんでした。中学生のみなさんには、ふと感じる素朴な疑問を大切にしてほしい。そうすれば、社会の見え方がちがってくるかもしれません。

中学生の質問箱

平等ってなんだろう？　あなたと考えたい身近な社会の不平等

もくじ

はじめに　5

第1章　「平等」ってどういうこと？　11

1　なぜ、平等であることが大切なの？　12
2　平等って、いつ生まれた考え方？　32
3　学校や家のなかにも、不平等がある？　51

第2章　日本と世界のなかの不平等　83

1　格差ってどんどん広がっているの？　84
2　不平等をなくすために、政治は何ができる？　113
3　日本とほかの国との関係って平等なの？　142

第3章 未来に希望をもつために、平等を考える 165

1 モヤモヤした気持ちは、どうしたらいいの？ 166

2 どんなことができれば、人はよい暮らしをしているといえるの？ 174

3 社会を変えるために、一人ひとりにできることは？ 190

おわりに 198

参考にした文献 204／図版出典 207

はじめに

私たちは日々、さまざまな人との関係のなかで生きています。よい関係もあれば、悪い関係もあるし、どちらでもない関係もあるでしょう。お店の人にお金を払《はら》ったりするだけのドライな関係もあれば、毎日言葉を交わして嬉《うれ》しくなったり悲しくなったりする深い関係もあります。

直接、何かをやり取りするような関係ばかりではありません。同じ学校にいるけれども話したことのない生徒、同じ店や同じバスを利用しているほかのお客さんもいます。あるいはモノやサービスを通して、遠くに住んでいる誰《だれ》か見知らぬ人ともつながっている。どんなに薄《うす》くドライであっても、同じ何かを通して関係をもつ人はたくさんいるのです。

あなたは、家庭にある、学校にある、地域社会にある、そんなたくさんの関係のなかで、何かおかしいと感じたことはありませんか？

「ここでは私が、ちゃんと尊重されていない！」

「なんか無視されている？」

「あの人たちはズルい！」
「どうしてちがう扱《あつか》いをするの？」
「お父さんより、お母さんのほうが苦労している！」
「相手が子どもだからといって、そんな言い方をしていいの？」

こういうぼんやりとした疑問や違和感《いわかん》を、ざっくり「それって平等なの？」と言い換《か》えることができるかもしれません。

さらに、もっと広く社会に目を向けてみると、どうでしょうか？ テレビや新聞、ネットでニュースを追いかけていても、やっぱりおかしいと思ったり、モヤモヤを感じたりすることは少なくありません。

2019年暮れにはじまった新型コロナウイルス感染症《かんせんしょう》の拡大をめぐるさまざまなニュースには、とりわけそれが強かったかもしれません。よりリスクが高いのは高齢者《こうれいしゃ》だというけど、じゃあぼくたち若者はどうすればいいの？ そんなふうに頭を悩《なや》ませた読者も多いはずです。

人々が生活をするうえで必要不可欠なライフラインを維持《いじ》する、なくてはならない仕事に就く人たち、「エッセンシャルワーカー」という言葉もよく使われました。医療《いりょう》や介護《かいご》などの仕事にかかる負担やリスクは大きくなったのに、そこで働く人たちは十分な報酬《ほうしゅう》を得られない。そんな大きな問題が、ひろく報じられるようにもなったのです。

また、感染が拡大してお店に休業要請《きゅうぎょうようせい》を出したり、イベントの中止を判断したりといったニュースに接するたびに、「本当にそれでいいの?」と感じることがありました。困っている人たちへの補償《ほしょう》は足りているのか? 医療体制が逼迫《ひっぱく》するなかで、誰をどうやって入院させるのか? 数に限りのある病院のベッドや医療機器、薬、ワクチンをどう分けるべきなのか? 簡単には答えの出ない、難しい問題ばかりです。

私たちが日々、接するニュースや社会問題のなかにも、「それって平等なの?」と問いかけたくなる、さまざまな疑問やモヤモヤがたくさんあります。

さて、私たちが生きている21世紀は、どんな時代でしょうか?

よく耳にするのは、どんどん格差が大きくなっているということでしょう。数百人の大富豪《だいふごう》が地球上にある富の半分を握《にぎ》っている、なんていう話を聞くこともありますが、本当なのでしょうか? 格差が大きいことの何が問題で、どうしたら格差を小さくすることができるのでしょうか? それとも、経済のことだから仕方がないのでしょうか? これも、平等をめぐる問題です。

一方で私たちは、さまざまな価値観をもつ人たちがともに暮らす社会を生きています。近年、セクシャルハラスメントやパワーハラスメントといった問題や、外国人労働者に対する過酷《かこく》な待遇《たいぐう》、性的少数者への差別など、多様な人たちをとりまく不平等にかかわるニュースに接することも増えてきました。私たちが応援《おうえん》しているスポーツ選手や芸能人が、こうした問題について発言することも、最近はめずらしくありません。

「それって平等なの？」という私たちのモヤモヤは、こんなふうに転換期《てんかんき》を迎《むか》えた世界の問題にも、つながっています。

私は大学で、政治理論や政治思想の歴史を研究しています。「政治理論」「政治思想史」と聞くと、なんだかとても難しく感じてしまうかもしれませんが、これからみなさんといっしょに平等について考えるうえで、とても役に立つものです。

この本のなかで私は、社会が平等であることがなぜ大切なのか、平等という考え方が広まっていった歴史、何の平等をどうやって実現するべきなのか、といった話をしていきます。そこには、いろいろな異なる意見があり、最後まで読んでも「平等とは、〇〇である」といった正解は得られないかもしれません。

でも平等という価値の根底には、「人と人の関係は基本的に対等であるべきだ」という理想があるように思います。それは話す人と聞く人、教える人と教わる人、本を書く人と読む人のあいだであっても同じです。一方的に相手の言い分を聞くのではなく、疑問に思ったり、誰かと感想をシェアしたり、意見を書いてみたりする。そんなふうにこの本を読んでもらうことで、あなたのまわりに平等な関係が少しずつ増えていくことになったら、とても嬉しいです。

第1章

「平等」ってどういうこと?

1 なぜ、平等であることが大切なの？

——平等ってみんなが同じ、みんないっしょってこと？

「平等が大切」「平等じゃなければいけない」などと言われると、たしかに「それって、どういう意味なの？」と聞きたくなることがありますよね。人間は一人ひとり個性もちがうし、能力もちがいますから。好きなことも、やりたいと思うことも、なにを幸せと感じるかも、まったく同じということはありません。これほどちがう人がたくさん集まれば、人と人の関係もまた「完全に平等」であることなど不可能だ、と考えるのも自然なことでしょう。

でも、平等は「完全に同じ」という意味ではありません。「男性と女性は平等な権利をもつ」とか、「お金持ちも貧乏《びんぼう》な人も平等に税金を払うべき」などと言われるときの平等は、大きなちがいを前提にしながらも、なにかの意味では同じであることを強調しています。この「なにかの意味で」の部分は、人によって、またそのときどきの話の文脈によってもちがいます。

では逆に人はどんなとき、「これは平等じゃないからマズい」と感じるのでしょう？たとえば、あなたがこれからどこかの学校の入学試験を受けるとして、その評価や判定の仕組みが平等ではないと知ったら、どう思いますか？

――試験やテストが平等じゃなかったら、さすがにイヤだなあ。

同じ学校の入学試験なのに、たとえば隣《となり》の受験生と試験の問題がまるでちがったり、採点基準が別だったりしたら、誰でも怒《おこ》りますよね。もしも、その学校に入るための学力が明らかに劣《おと》っているということなら、仕方がないとあきらめることができるかもしれない。でも、それとは関係のないこと、たとえば男女のちがいとか、身長や体重とか、親の学歴とかで判断されたら、とても納得できません。そういったちがいは、自分ではどうしようもない、コントロールできないものですからね。そういう「自分ではコントロールできないちがい」によって有利になったり、不利になったりするとき、平等という考え方が重要になってきます。

「入学するのにふさわしい人かどうか」。この判断と直接には関係のないちがいによって、差別的に扱ってはいけない。これは、「形式的な機会の平等」とも呼ばれている、とても基本的な考え方です。入学試験のようなものに関して、「不平等でもいいよ」と言う人はあまりいないでしょう。

平等なはずの試験が実は不平等に採点されていた⁉

では、この社会ではいつも「形式的な機会の平等」がしっかりと保証されているかと言えば、そうともかぎりません。平等に行われているはずの試験が実はこっそりと歪《ゆが》められているという話は、ときどき聞きますね。

２０１８年に、東京医科大学で10年以上にもわたって不正な点数の操作が行われていたというニュースは大きく伝えられたので、知っている人もいるかもしれません。この大学の入学試験では、男子の受験生に10点から20点も加算し、一切点数を加えない女子の受験生にくらべて有利に扱うことが、まるで当たり前のように行われていました。これは、医師になりたいという志をもった受験生を、その能力と関係のない「女性である」というだけのことで差別したわけですから、もちろん許されることではありません。

では、こういう明らかにズルいとわかるような不正がなければ入学試験は平等かというと、必ずしもそうとも言えないのです。

――採点や評価はちゃんとしていても、平等ではないことがあるってこと？

たとえば、同じ能力をもち、それを活《い》かそうとする同じ意欲があるなら、等しいチャンスを与《あた》えられるべきだという考え方があります。

これは、もしもあなたの家が貧しくて学費を払えず、自分に能力や意欲はあると思うのだけれども、最初から進学をあきらめざるをえないと想像してみたら、理解できるのではないでしょうか。入試自体には問題がないけれども、高い学費というハードルがあるなら、その学校は誰に対しても平等に開かれているとは言えないかもしれない。あるいは、有名な塾《じゅく》に通わないと解けないような問題ばかりが出題される入学試験は、塾に通わせるお金のない家に生まれた子どもにとって、とても平等に扱われているとは言えないものになってしまう。

日本では最近、大学の授業料がかなり高くなっています。私立大学では年間100万円以上、医歯学系の大学では200万円以上かかることもめずらしくありません。アメリカの私立大学などでも、あまりにも高額な授業料がよく問題になっています。力とやる気のある学生に教育の機会を与えるための一つの制度として、奨学金《しょうがくきん》というものがあります。

これはお金のない学生に学ぶための費用を提供したり（給付型）、有利な条件で貸したり（貸与《たいよ》型）するという制度です。しかし、給付型の奨学金が十分でないために、大学を卒業した時点で膨大《ぼうだい》な借金を背負ってしまう人が多いと問題になっているのです。

――能力とやる気ではなく、お金をもっているかどうかで進路が決まってしまうの？

残念ですが、そういうところが多分にあります。しかも、それだけではありません。その「能力とやる気」についても、平等という観点から見ると実は大きな問題があるのです。よく知られているのは、どのような家庭に育つかによって、努力する、がんばろうとする気持ちや学習態度にちがいが出てくるということです。「やる気」をそのまま測ることはできませんが、苅谷《かりや》剛彦《たけひこ》というオックスフォード大学で教育学を教えている学者が以前に調べたことがあります。この調査から子どもたちが自ら進んで勉強する習慣をもつことは、親の学歴と深く関連していることがわかりました。つまり、勉強する意欲というのは、本人だけでなんとかなるものではないと言えますね。

また入学試験で試される「能力」といえば学力のことですが、この勉強の得意、不得意

「能力」や「やる気」は
自分だけではコントロールできない

というのが、よく考えると自分ではコントロールできない、もって生まれた資質のちがいによるとも言えます。努力はしても、勉強はどうしても苦手という人はいる。人間にはそれぞれに能力のちがいがありますが、自分がもっている能力が社会で評価されるかどうかも、ある意味では偶然《ぐうぜん》に左右されるのです。

――どういうこと？

たとえば、平安時代の貴族は和歌を詠《よ》む、詩をつくる能力が評価されたと聞いたことがありませんか？　戦国時代の武士なら、そんな能力よりも戦《いくさ》に勝つための能力が重要だったはずです。同じように、今は入学試験や資格試験などでよい点数をとる能力が評価され、その能力をもっている人が有利な立場を占《し》めていますが、それはたまたまそうなっているだけかもしれない。

――そこまでいくと、ちょっと難しいなあ。でも、学校の勉強が将来も役に立つのか、疑問に思うことはある。

そうでしょうね。社会は人間がもっているさまざまな能力のうちごく一部だけを、ある種のやり方で測ることしか、やっていません。そして、その評価基準が安定していないことは、昔とくらべても明らかだと思います。

たとえば、小学校で英会話を教えたり、プログラミングを教えたりしはじめているのもそのひとつです。でも、人工知能（ＡＩ）の時代に英会話やプログラミングのスキルが本当に大事なのでしょうか。それよりも、日本語でも英語でも長めの文章を読んだり、書いたりして、理解する力、考える力、表現する力といった、生涯《しょうがい》を通じて私たちを支えてくれる力のほうが大事だという意見もあります。

——なぜ？

そのときどきに評価されるような力は長持ちしないかもしれないからです。今の小学生が大人になるころには、ＡＩが普通《ふつう》に通訳をやってくれるかもしれません。

逆に、たとえば20年前、スケートボードといえば多くの人にとってはただの遊びというイメージでした。それが今は２０２０年東京オリンピックで追加種目に採用されるなど、スポーツとして注目を浴びてますよね。つい10数年前には、ユーチューバーやｅスポーツの選手が職業になるなどということは思いもよりませんでした。20年後になにが評価されるかなんて、誰にもわからない。それなら、なにをやると有利か、なんていうことを考えないほうがよいのかも。勉強でいえば、試験で評価されやすいスキルを磨《みが》くよりも、長い文章を読む力とか書く力、統計データを読み取る力とか、そういうベーシックな能力を育てていくべきじゃないかと私も思います。

住んでいる地域による教育の機会の差は大きい

――将来は大学で勉強したいんだけど、住んでいる家の近くには大学がない。だから、都会の子どもっていいなと思うことがある。

地域による差は、すごく大きいですね。

私が教えている早稲田《わせだ》大学の政治経済学部でも、東京近辺の大都市圏《けん》で育った人が多く、地方から東京に進学してくる学生は残念ながら少数派です。近くによい塾や予備校がないといったこともあるでしょう。それから、大学に通うためには親と暮らしてきた自宅を出て部屋を借りなくてはならないといった経済的事情も、小さくありません。そして、地方の優秀《ゆうしゅう》な学生を支援《しえん》するための制度も、まだ十分ではありません。大都市圏ほど有利というこの傾向《けいこう》は、もう40年以上前ですが、私が大学生だったころにくらべて、かなり強まってきたと思います。これでは、「形式的な機会の平等」があっても、地方で育った学生たちにとって本当の意味で平等な機会が与えられているとは言えない。

また、やはり政治経済学部における男女の学生の比率を見ても、ある時期までは女性が増えていましたが、最近は30％強まで上がったところで頭打ちになっています。これは、私の教えている学校だけではなく、日本のさまざまなところでも共通して起きていることです。女性に対しても、「形式的な機会の平等」はあっても、実質的には平等な機会が開かれていない。

社会的な意味合いから見た、男女のちがいをジェンダーと言います。世界経済フォーラム（World Economic Forum：ＷＥＦ）が毎年発表している「世界ジェンダーギャップ指数」を知っていますか？　これは、世界の国々で男女平等がどれだけ進んでいるかを測るものです。「経済」「政治」「教育」「健康」の４つの分野のデータから作成され、０が完全な不平等、１が完全な平等を示しています。２０２１年の日本の総合スコアは０・６５６、順位は１５６カ国中１２０位（前年は１５３カ国中１２１位）でした。これは先進国の中で最低レベル、アジア諸国の中でも、お隣の韓国《かんこく》や中国より低い結果です。

ジェンダーギャップ指数の算出方法にはやや問題があると指摘《してき》する声もありますが、各国がジェンダー平等に向けた取り組みを加速している中で、日本が遅《おく》れをとっていること

2021年の世界ジェンダーギャップ指数で日本は156カ国中120位

順位	国 名	値	前年値	前年からの順位変動
1	アイスランド	0.892	0.877	—
2	フィンランド	0.861	0.832	1
3	ノルウェー	0.849	0.842	−1
4	ニュージーランド	0.840	0.799	2
5	スウェーデン	0.823	0.820	−1
11	ドイツ	0.796	0.787	−1
16	フランス	0.784	0.781	−1
23	英 国	0.775	0.767	−2
24	カナダ	0.772	0.772	−5
30	米 国	0.763	0.724	23
63	イタリア	0.721	0.707	13
79	タイ	0.710	0.708	−4
81	ロシア	0.708	0.706	—
87	ベトナム	0.701	0.700	—
101	インドネシア	0.688	0.700	−16
102	韓 国	0.687	0.672	6
107	中 国	0.682	0.676	−1
119	アンゴラ	0.657	0.660	−1
120	**日 本**	**0.656**	**0.652**	**1**
121	シエラレオネ	0.655	0.668	−10

ジェンダーギャップ指数（2021）上位国及びおもな国の順位

分 野	スコア	前年のスコア
経 済	0.604	0.598
政 治	0.061	0.049
教 育	0.983	0.983
健 康	0.973	0.979

ジェンダーギャップ指数（2021）各分野における日本のスコア。0が完全な不平等、1が完全な平等を示す。上の4項目の中では「政治」の分野が特に不平等であることがわかる。

はまちがいないでしょう。

各分野における日本のスコアを見てみると、日本はとくに「経済」と「政治」におけるスコアが低いことがわかります。たとえば、内閣の閣僚《かくりょう》ポストを女性が占める割合、つまり女性の大臣がどのくらいいるかを見ると、日本はたいてい数人止まりですが、7割近くを女性が占めるスペインを筆頭に、フランスやカナダなども過半数が女性です。衆議院の女性議員も10％ちょっとしかいません。

――日本とほかの国では、そんなに差があるんだね。

働く女性の数は日本でも増えていますが、給与水準《きゅうよすいじゅん》が男性にくらべて約74％ととても低いことが問題です。理由としては同じ会社のなかでも男性のほうが高い地位についていること、勤続《きんぞく》年数も長いことなどが挙げられます。たとえばアメリカ合衆国では役員、管理職に女性が占める割合は4割をこえていますが、日本では15%くらいにすぎません。

いろんな人が男女平等を目指して努力しているけれど、なかなか思うような状況《じょうきょう》にはなっていない。これは、ひじょうに残念だし、不名誉《ふめいよ》なことだと思います。

——「教育」や「健康」は、わりと平等だね。そういえば、私がなんとなく行きたいと思っている高校は、男女の生徒が同数だったような……。

それは、かなりめずらしいですね。かつては高校でも男女別の定員が当たり前だったのですが、今はすごく減っていて、一部の都立高校だけになりました。男女別の定員は、もともと男女別の学校が当たり前だった時代から、男女共学制を進める過程で生まれました。

男女同数というと聞こえはよいかもしれませんが、場合によっては深刻な不平等が生じます。同じ学校なのに、男子と女子で合格点に大きなちがいが生まれ、同じ点数でも女性（男性）だからという理由で入学できないということが実際に起きています（都立高校の男女別定員は2022年度の入試から段階的に廃止されることが決まりました）。

――同数だから平等ってわけにはいかないんだ。じゃあ日本って、まだまだたくさんの不平等があるってこと？　昔とくらべてよくなっているわけじゃないの？

どのくらいのスパンで世の中を見るかにもよりますが、以前とくらべて逆に悪化している可能性もあります。誰にとっての平等を、どういう意味で考えるのか。また、なんの平等を問題にするのかによって、その質問に対する答えも変わってくるかもしれませんね。ところで、これは逆に私のほうから中学生のみなさんに聞いてみたいのですが、私が専門にしている政治学のような学問には、どんなイメージをもっていますか？

――よく知らないからなあ。真面目な感じはするけど、あまり楽しくはなさそう。

なんとなく灰色がかった、私みたいなおじさんばかりが何か小難しい言葉を使って話しているようなイメージかもしれませんね。同じようなことは、ほかにも政治家とか、法律家といった職業の世界にも言えるでしょう。

たとえば今の女子中学生にとって、自分が政治家になって国会で議論したり、大企業《だいきぎょう》のトップとして経営判断を下している姿というのは、なかなかポジティブにはイメージしにくいかもしれません。日本の国会にはスーツを着たおじさんばかりが目立つし、女性が政治家になるには、そういうオヤジたちとうまく付き合えないといけないのかなと感じてしまう人もいるでしょう。

でも、女性の社会進出が進んでいる国においては、かなりちがうはずです。というのも、現実に政治家として成功したり、経営者として活躍《かつやく》している魅力《みりょく》的な女性が、実際にたくさんいるからです。「私もあんなふうになりたい」と思える、ロールモデルになるような人がたくさんいれば、職業のイメージもおのずと変わってくる。

なにが言いたいかというと、あなたは政治家や企業経営者よりも看護師や教師が自分にぴったりだと思い、それが自分の自由な意思だと思っているかもしれない。けれども、そういう将来への希望や見通し自体が、すでに社会の不平等から大きく影響《えいきょう》を受けているのかもしれないと考えてみてほしい。自分が生まれた家庭の経済事情、生まれた場所、性別などによって、将来なりたい職業、どんな人生を生きたいかという希望が狭《せば》められているということはないでしょうか？

将来の希望やなりたい職業にも社会の不平等が関係している？

――たしかに、あまり大きな夢は抱《いだ》いていないかも……。

なるべく大きな夢をもちなさい、という話ではもちろんありませんよ。

目の前にある実現が可能そうな選択肢《せんたくし》だけに合わせて、最初から自分の希望や目標を狭めてしまうことは「適応的選好形成《てきおうてきせんこうけいせい》」と呼ばれます。それがあまりに行き過ぎるのは、よい状態とは言えません。日本でいえば、本当は能力がある女性がそれを発揮しなかったり、貧しいという理由だけで多くの才能が埋《う》もれていたりする。そうだとすれば、その人たちだけではなく、社会にとっても大きな損失でしょう。

アメリカの哲学者《てつがくしゃ》でジョン・ロールズ（1921〜2002）という人がいます。この人は1971年に『正義論』という本を刊行して、人間と社会にとって、平等な関係がひじように重要な意味をもっていると主張しました。平等を考えるとき、これからも何度か名前が出てくる人なので、ぜひ覚えておいてください。

ロールズは、一人ひとりの人生において、どんな機会が目の前に開かれているかという「生《せい》の展望《てんぼう》（ライフ・プロスペクト）」における平等こそが大切であると説きました。飢《う》えないとか、貧困にならないということだけではなく、「どのくらい将来に可能性があるか」も大事だと考えたのです。

あなたが自分の将来をどう見ているか、という問いかけはもちろん個人的なものですが、同時に社会的なものでもあると言えるでしょう。なにかの理由によって、あなただけが最

適応《てきおう》的《てき》選《せん》好《こう》形《けい》成《せい》

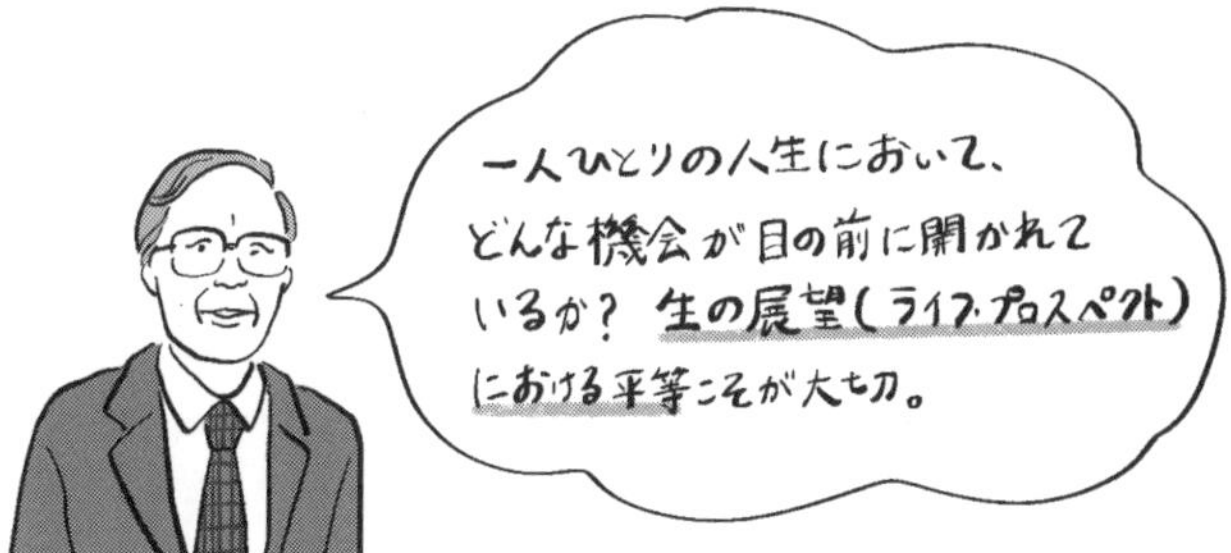
一人ひとりの人生において、
どんな機会が目の前に開かれているか？ 生の展望（ライフ・プロスペクト）
における平等こそが大切。

ジョン・ロールズ

初から多くをあきらめて将来に暗い展望しか描《えが》けていないとしたら、そこには大きな不平等があるのかもしれない、ということです。

――平等かどうかは、個人にとってだけではなく、社会全体にとっても大きな意味をもつということ？

はい、そうです。

社会のなかの不平等を放っておくと、人々のあいだに階層構造《かいそうこうぞう》（ハイアラーキー）が固定化されていく。つまり、ものごとを決定して命令する人たちと、それに従う人という具合に、あからさまに分けられてしまうのです。

学校でいえば、クラスなどで生徒に序列をつける「スクールカースト」がそれにあたるのかもしれません。「一軍」や「二軍」などという呼び名で、上位と下位の区別をする。「スクールカースト」というのは和製英語ですが、「カースト」というのは、もともとインドなど南アジアで信仰《しんこう》されているヒンドゥー教の厳しい身分制度です。人々のあいだにある階層構造を象徴《しょうちょう》する言葉と言えるでしょう。そういう序列を大切にする文化や社会は、今でもめずらしくありません。

不平等な社会は貧しい人から自尊心を奪ってしまう

でも、クラスや部活などでもそうかもしれませんが、こういう序列ばかりを重んじる組織は脆《もろ》いものです。うまくいっているときには軍隊みたいで強いかもしれませんが、同じことを繰《く》り返《かえ》すことは上手でも柔軟性《じゅうなんせい》に欠け、新しいことにチャレンジするのが苦手。なぜかというと、誰もが自由闊達《かったつ》に意見を言ったりする雰囲気《ふんいき》がなく、いつも同じ視点をもった同じ人だけが大事な決定を行っているからです。企業などでも、身分の上下があまりなく、よりフラットな関係をもっているところのほうが、社員たちの幅広《はばひろ》いアイディアを生かすことができて有利だと言われることがあります。

そして、貧富の差が広がると、貧しい人たちは若いときから自尊心をもてなくなることが多い。自尊心というのは、「自分には生きている価値がある」「自分がやろうとしていることは意味がある」と感じられる感覚のことで、人が生きていくうえでとても大切な感覚です。それがないと、なかには自分を傷つけたり、社会に対して敵意を抱くような人も出てくるでしょう。だから、貧富の差があまりに大きなところでは治安も悪くなるでしょうし、日常生活もなんとなくギスギスした雰囲気になってくる。不平等な社会に暮らすことはストレスが大きく、人々を不健康にするという研究結果もあります。

さらに不平等が広がると、お金持ちと貧しい人は、まったく別のところで暮らすようになり、お互《たが》いの存在がだんだん見えなくなります。アメリカなどでは、実際に富裕層《ふゆうそう》が自分たちだけの街をつくり、住民以外の敷地内《しきち》への出入りを制限する「ゲーテッドコミュニティ」がすでにたくさんあります。日本でもそういう街がつくられはじめています。たとえば、通行許可証がなければ宅配業者もこのゲートを通って街に入ることが許されない。こうなってくると、国のなかで人と人を結びつけているさまざまな制度を維持することも、だんだん難しくなるでしょうね。ある程度の平等がなければ、社会をひとつにまとめていくこともできなくなってしまうかもしれません。

このように不平等には、いくつものデメリットがあります。

——でも、正直言って「平等な社会」と言われても、それほどよいイメージがないんだよなあ。

もしかしたら、みんなが等しく貧しくなるようなイメージがあるのかもしれませんね。たしかに、ただ「同じであること」を目指すのであれば、一番簡単なのは「下に合わせること」です。もっとも貧しい人、もっとも不幸な人、もっとも恵《めぐ》まれていない人に合わせてみんなのレベルを下げる。そうすれば平等を達成できるという話です。でも、そんなことをしても、誰もが望まない結果になるだけです。

世の中には、「あったほうがよい不平等」があります。ここではちょっと極端《きょくたん》な例だけをお話ししますが、たとえばあなたが脳の病気にかかったとして、どんなお医者さんにかかりたいですか？

評判のいい、スゴ腕《うで》の外科医！

そう思いますよね。平等が大切だからという理由で、くじ引きで選ばれたそこらへんの誰かが担当しますと言われて喜ぶ人はいない。だから、スゴ腕の人気医師がたくさん報酬をもらうのは、誰もがある程度は認めるのです。ごく簡単に言うなら、長期的にみんなの役に立つなら、不平等もあったほうがよい。

より豊かで安定した社会を築くためには、どんな平等、どんな不平等があったほうがよいのだろう？　この本のなかで、これからいっしょに考えていきましょう。

② 平等って、いつ生まれた考え方？

——授業で先生が「日本国憲法には基本的人権のひとつとして平等権がある」って言ってた。「平等権」って、ちょっとよくわからないんだけど。

日本国憲法第14条は、こんなふうに書かれています。

すべて国民は、法の下《もと》に平等であって、人種、信条、性別、社会的身分又《また》は門地《もんち》により、政治的、経済的又は社会的関係において、差別されない。

これだけだと、大まかに「国民はみな平等でなければならない」と言っているだけで、意味はよくわかりません。実際、この条文をどう解釈《かいしゃく》するのかには、さまざまな意見があります。たとえば、「法の下に平等」と言っているけれども、これはどういう意味でしょうか？　法律があったら、それを誰に対しても平等に適用しなさいということでしょうか？　それとも、平等と矛盾《むじゅん》するような法律をつくってはいけないという意味でしょうか？

そして、前の節で話した入学試験の例からもわかるように、平等をどうとらえるかはさまざまです。

ただ、いろいろな意見があるにせよ、こんなふうに平等を国の原理原則として定めたことには、とても大きな意義があります。

先ほどの文章のあと、第14条はこんなふうに続きます。

華族《かぞく》その他の貴族の制度は、これを認めない。

――華族ってなんか、舞踏会《ぶとうかい》でダンスをしているイメージ。

公爵《こうしゃく》、伯爵《はくしゃく》、男爵《だんしゃく》などの「爵」がつく家柄《いえがら》のことですね。１９４７年に日本国憲法が施行《しこう》されて華族制度が廃止《はいし》されるまで、華族は家や財産が守られ、国家での地位が保障されたり、民事裁判への出頭が免除《めんじょ》されたりするなど、さまざまな特権を与えられていました。つまり、日本国憲法が制定される前の時代には、身分制度があったということですね。

もちろんそれより前の江戸《えど》時代にも、「士」と「農工商」のあいだには明確な身分のちがいがありました。明治維新《めいじいしん》によって「四民平等」という政策がとられたものの、華族と呼ばれる貴族階級はまだ残っていました。

こんなふうに人類は、ずっと不平等を制度化してきました。少なくとも、文字に書かれた歴史が残っている時代のほとんどはそうです。

世界中のあらゆる場所で、強大な権力をもつ王がいたり、特別な権利をもつ貴族がいたり、自由を奪《うば》われて働かされる奴隷《どれい》がいたりしました。これは、先ほども出てきた、階層構造と呼ばれるものです。それが固定されているのは、長いあいだ当たり前でした。

長い歴史から見れば、「平等」が大切にされる時代なんてほんのわずかです。

――そもそも平等っていつ生まれた考え方なの？

では、ごく簡単にですが、「平等」という考え方が発展してきた歴史についてお話ししましょうか。たとえば、学校で習った歴史のなかで平等のイメージがある時代ってありま

世界の長い歴史から見れば
「平等」が大切にされる時代はほんのわずか

すか？

――うーん、わかんないけど、古代ギリシアとか？

そうですね。私たちが平等のことを考えるときも、古代ギリシアの歴史は多くのことを教えてくれます。

古代ギリシアの都市国家（ポリス）の一つ、アテナイの政治家ペリクレスは紀元前430年ころ、こんな演説をしています。アテナイは、みごと大国ペルシアとの戦争に勝った。その秘訣《ひけつ》は自分たちの政治のやり方にある、と誇《ほこ》るような内容です。

「わが国においては、個人間に紛争《ふんそう》が生《しょう》ずれば、法律の定めによってすべての人に平等な発言が認められる。だが一個人が才能の秀《ひい》でていることが世にわかれば、無差別なる平等の理を排《はい》し世人《せじん》の認めるその人の能力に応じて、公の高い地位を授けられる。またたとえ貧窮《ひんきゅう》に身を起こそうとも、ポリスに益をなす力をもつ人ならば、貧しさゆえに道をとざされることはない」

――なんだか、今とあまり変わらない感じがする。

驚《おどろ》くほど、今にも通じる考え方ですよね。これまでお話ししたような内容も、たくさん出てきます。

でも、ひとつだけ注意してください。ペリクレスが言う「個人」というのは、あくまでも「市民」と呼ばれる一部の成人男性だけに限られています。彼《かれ》らが家（オイコス）に帰ると、そこには妻や子だけでなく、使用人や召使《めしつか》いとして働く奴隷も、平均して3～4人いました。

だから、古代ギリシアの平等は、階層構造のなかにあった平等と言えるでしょう。「イソノミア（無支配）」という言葉も使われましたが、これは「決して他の市民を支配しない」という考え方です。一部の人たちだけに限られていたとはいえ、古代ギリシアにおける市民のあいだの平等は、むしろ今よりも徹底《てってい》されていたのです。

政治でいえば、今は選挙で代表を選ぶのが普通です。ところが古代アテナイでは多くの場合、公職者がくじ引きで選ばれていました。つまり、お金持ちであれ貧乏人であれ、才能があってもなくても、人望《じんぼう》があってもなくても、市民であれば誰もが等しく要職につく機会をもっていたわけです。

古代ギリシアでは一部の市民のみ平等が認められていた

――えー、くじ引きでだいじょうぶなの？

今の日本でいうと、国民から選ばれた裁判員が刑事《けいじ》裁判に参加する「裁判員制度」に、ちょっと似ていますね。みなさんのお母さんやお父さんが裁判員に選ばれたこともあるかもしれません。

古代ギリシアでは、投票による選挙は一種の貴族制と結びつけられていました。日本でも、政治家の二世や三世の「世襲《せしゅう》議員」が多く、国会議員という職業が世代から世代へ受《う》け継《つ》がれてしまっています。たしかに「ジバン（支持基盤《きばん》）・カンバン（知名度）・カバン（資金）」がものをいう世界では、こういうことが起きがちです。ちなみに、いま政治学では、選挙ではなくくじ引きで代表者を選んだほうが多様性を確保できるのではないか、という議論も活発です。抽選制《ちゅうせんせい》は昔話ではありません。

古代ギリシアでは、市民のあいだの平等を維持するために、誰もが参加できる形で政治を行おうとしていたのです。一種のアマチュアリズムとも言えるかもしれません。ただし、軍事にかかわる将軍職は選挙で選ぶなど、能力や実績を重視する形がとられたこともあります。時代によっては、こういう人たちが実質的な力をもっていたこともあり、古代ギリシアはくじ引きで万事うまくいっていた、とは言えません。

――平等の歴史って、意外に古いんだね。

ところが、古代ギリシアのような、市民という一部メンバーの枠《わく》を超《こ》え、「すべての国民」「すべての男女」「すべての人間」がもつ平等……というふうに横へ横へと広がっていくような、より普遍《ふへん》的な概念《がいねん》として平等がどこで生まれたかと探してみると、2000年以上後まで、歴史を飛《と》び越《こ》えることになってしまいます。

1789年に起きたフランス革命では、「自由、平等、友愛」というスローガンが掲《かか》げられました。それより前の17世紀半ば、イギリスで清教徒革命が起こりましたが、この時期には「平等派（レヴェラーズ）」と呼ばれる人たちが、人民主権や普通選挙の実施《じっし》を求めました。

――王や貴族に虐《しいた》げられた人たちが、ようやく立ち上がったってこと？

革命と聞くと、そういうイメージをもちますよね。

でも実際には少しちがっていて、このころ立ち上がったのは「平民」という身分の人たちで、パンも食べられないようなひじょうに貧しい人たちではありません。フランス革命でいうと、聖職者（第一身分）や貴族（第二身分）といった昔から特権をもっていた階層に対して、「第三身分」と呼ばれた平民の主力は、大都市の裕福《ゆうふく》な商人などでした。

新しく力をつけてきた彼らには、「神が王に権力を与えた」などと主張する「王権神授説」のような考え方は、もはや通用しません。それまでの社会秩序《ちつじょ》、つまり階層構造は正当化できないという感覚が、次第に強くなっていくのです。

裕福な商人たちが「自由・平等・友愛」を掲げて立ち上がったフランス革命

――でも、それだと貴族にかわって大商人が権力を握るというだけの話にならない？

たしかに、そうですよね。絶対的な権力をもつ王と、この王からさまざまな特権を与えられた大商人が互いに利用しあい、聖職者や貴族は力を失っていきました。16世紀半ばから18世紀にかけて、イギリスやフランスなど西ヨーロッパの王たちがこうした関係を強化して植民地を広げ、国の富を競い合いました。

でもより本質的なことを言えば、商業では縦の関係よりも横の関係のほうが重要です。

——横の関係って、どういうこと？

互いに取引をするときの対等な関係ということですね。ちゃんと対価を払ってくれるという信用であったり、欲しいと思ったものを選ぶことのできる自由がないと、商売は広がっていきません。

たとえば、あなたが銀行家だったとして、どんな人にお金を貸したいと思いますか？絶大な権力をもっている王様にお金を貸したいとは、あまり思わないでしょう。借金を帳消しにされてしまうかもしれない。

より多くの人が、「優位にある人と劣位《れつい》にある人がいるのは、当たり前」という感覚を疑うようになると、それが平等化を進める原動力になってくる。こういう新しい社会のあり方をとらえながら、来《きた》るべき自由で平等な社会のあり方を説いたのが、たとえばイギリスのアダム・スミス（1723〜1790）のような思想家です。

ただ商業社会は、人々の自由を広げて階層構造を崩《くず》していく一方で、身分によらない新たな格差を生み出しもします。フランス革命を思想面から支えたともいわれるジャン＝ジャック・ルソー（1712〜1778）は、身分のなかの不平等ではなく、人が人に依存《いぞん》せ

商業社会は身分によらない
新しい格差を生み出した

ざるをえないような、新たな支配の形が生まれつつあることを、いち早く認識した人だと思います。

身分による支配がなくなったとしても、たとえば人が人を支配できるほどの経済的な格差があったとしたら、それは問題であるとルソーは考えました。

――わあ、人の名前がたくさん出てきて、話が難しくなってきた……。

そうですね。誰かが誰かを支配することに疑いをもつ少数の人が出てきて、それが社会に少しずつ広まっていったという、大まかな歴史の流れがつかめれば十分です。

面白いのは、たとえば今話題に出したルソーも、男女の生物学的なちがいに基づく不平等は正当化していたんです。文明社会の不平等を厳しく批判した思想家にも、男女差別的な側面がありました。

――ええっ？　なんかイメージが悪くなっちゃう。

この時代の男性としては、めずらしいことではありません。

男性と女性の平等が問題になるのはもう少しあと、19世紀に入ってからのことです。でも、一方でルソーは奴隷制度には反対していて、こちらはのちに奴隷解放運動へとつながっていく先進的な考え方でした。

だから、ルソーなど18世紀ヨーロッパを生きた一部の人たちが身分の不平等に違和感をもつことからはじまり、その感覚が身分のちがいだけではなく、社会的な階層、民族や人種、男女の性別へと、徐々《じょじょ》に広がっていったというのがポイントです。

奴隷の解放というと1862年にアメリカ合衆国大統領のエイブラハム・リンカーンが行った「奴隷解放宣言」が有名ですが、リバプールなどの港を拠点《きょてん》に奴隷貿易で儲《もう》けていたイギリスでは18世紀の末から奴隷廃止運動が起きていて、1833年には奴隷制度廃止法が成立しています。

そして19世紀には、資本家と労働者という階層のちがいによる不平等を解消するための社会主義の運動も盛んになりました。これに少し遅れて、ようやく男女の平等に注目が集まったのは19世紀の後半からです。1869年にイギリスの哲学者、ジョン・スチュアート・ミル（1806〜1873）が『女性の隷従《れいじゅう》』という本を書き、家庭が男性の優位を当たり前に思わせる「専制の学校」になっているという問題を告発しました。そのころには女性の参政権、つまり男性と同じように選挙で投票できる権利を求める運動も実際に起こ

平等をもとめる感覚が
時代とともに人々に広がっていった

っていました。

――そういえば、ドレスを着た女性たちがデモをしている昔の絵を見たことがある。

それはもう少しあとです。19世紀末から20世紀初頭にかけてのイギリスで活躍した、サフラジェットと呼ばれた女性たちですね。女性参政権を求め、放火とか、いっさい食べ物を食べないことで抵抗《ていこう》を示すハンガーストライキとか、けっこう過激な運動を繰り広げたことでも有名です。そのイギリスで、21歳《さい》以上の女性すべてに参政権が与えられたのは1928年です。

――すごく時間がかかっているなあ。それで一応、平等の歴史はおしまい？

もちろん、まだ終わっていませんよ。実は20世紀に入ってからも、今ではとても考えられないような不平等が世界中で残っていたのですが、なんの話かわかりますか？

――やっぱり、人種差別の問題とかかな？

そのとおり。人種という表現が適切かどうかわかりませんが、肌《はだ》の色のちがいや生まれた国、文化のちがいによる差別は、今もすごく大きな問題ですよね。

第二次世界大戦まで、ヨーロッパ各国だけでなく日本も、海外に広大な植民地をもち、そこに暮らす人々を支配していました。こうした植民地の住民に対する差別も、深刻なものでした。これに対抗《たいこう》して、たとえばインド独立の父として知られるマハトマ・ガンディー（１８６９〜１９４８）は１９３０年、イギリス植民地政府による塩の専売に反対して自分たちで塩をつくろうとする「塩の行進」と呼ばれる行動を起こしました。

なかには極端な例もあります。19世紀から20世紀半ばにかけて、植民地をもつ各国では展覧会やサーカス、劇場などで肌の色のちがう先住民たちが「見世物《みせもの》」にされるということが広く行われました。こうした興行は、実は日本でも行われていました。たとえば台湾《たいわん》の先住民やアイヌ、沖縄の人などが見世物にされていたことがあるんです。

そしてアメリカでは「奴隷解放宣言」が出されたあとも、アメリカ南部の少なくない州で、「ジム・クロウ法」と呼ばれた、白人による黒人に対する合法的な差別を認めるさまざまな法律がつくられました。

１９５０年代から１９６０年代にかけて、アメリカではこうした露骨《ろこつ》な人種差別の解消

イギリスの植民地支配に対抗したガンディー、黒人差別の解消を訴えたアメリカの公民権運動

を訴《うった》えるいわゆる「公民権運動」が起きます。この運動を導いた人物のひとりであるキング牧師、マーティン・ルーサー・キング・ジュニア（1929〜1968）の名は、みなさんも聞いたことがあるかもしれませんね。1963年に彼はワシントンDCで、「I Have a Dream（私には夢がある）」で知られる有名な演説を行いました。こうした運動によって、1964年には人種差別を禁じる「公民権法」が成立しました。このときついに、アメリカ合衆国のすべての州で、法律上での人種差別がなくなったのです。

――なんだかお腹いっぱい。

おつかれさま。でも、ようやく私たちが生きている時代に近づいてきました。

さっき、「すごく時間がかかった」と言ってましたが、18世紀から3世紀をかけて、まず身分制度がなくなり、奴隷制度がなくなり、女性にも参政権が与えられ、人種や出身地のちがいによる法律上の差別的な扱いが禁止されました。国によって状況は異なりますが、法律や制度といった形式レベルでの「機会の平等」は、ほとんど実現されたと言ってもよいと思います。

ただ、そこからさらに一歩進んで、現実の社会で平等が実現されているかというと、残念なことにそうはなっていません。

――アメリカの黒人差別、最近もけっこう話題になっているよね。

「ブラック・ライブズ・マター（Black Lives Matter、略称《りゃくしょう》BLM。黒人の命は大切だ、軽視するな）」というスローガンを、みなさんもニュースなどで耳にしたかもしれません。このスローガンが生まれた直接的なきっかけは、2012年にフロリダ州で起きた、当時17歳だったアフリカ系アメリカ人のトレイボン・マーティンさんがヒスパニック系の白人である自警団の男性に射殺された事件です。黒人に対する警官の過剰《かじょう》に暴力的な取《と》り締《し》まりは、以前からたびたび問題視されてきました。もちろん、その背景には社会的、文化的に根強く残る人種差別があるのです。

2020年には、ミネソタ州ミネアポリスでアフリカ系アメリカ人のジョージ・フロイドさんが警官に首をおさえつけられ、窒息《ちっそく》して命を落とす事件がありました。その一部始終を撮影《さつえい》した映像がソーシャルメディアを通じて世界中に拡散し、アメリカ国内だけでなく世界各国で黒人差別に反対するデモが行われるなど、大きな話題になりました。

法律さえ変えれば平等は実現するのかというと、そうではない。現実には、社会の不平

法律が変わるだけでは社会の平等は実現できない

平等を求める感覚の広がり
人種・民族間の平等
I have a dream...
Martin Luther King, Jr.
身分の平等
婚姻《こんいん》の平等
ジェンダーの平等

等が根強く残っている。これは、たとえば日本の社会に今もはっきりと残る女性差別についても、同じことが言えるでしょう。

――長い目で見るとよくなっているのかもしれないけど、平等をもとめる歴史って、なんとなく終わりがない感じもする。

そうですね。ひとつの差別や不平等が許されないという規範《きはん》が定着すると、似たようなほかの差別や不平等も許せないのではないかという、疑いの目が生まれます。奴隷制度は昔、当たり前のものだった。でも、「人間をモノとして扱うなんて許せない」という考えが一度常識になると、社会のなかで女性が劣ったものとして扱われているのもおかしいと思えてきます。

そして男女は平等だというのが当たり前になると、こんどは愛し合う男女のカップルだけが社会的に正しいと認められているのはおかしいのではないか、と新たな疑問が湧《わ》いてきます。

それ以外に、たとえば大人と子どものあいだにある不平等を大きな問題だと考えている人もいるんです。

――大人と子どもの関係を、もっと平等にすべきってこと？

そうです。たとえば、昔は大人が「教育」とか「指導」と称《しょう》して子どもに暴力をふるうことも許されていましたが、今は多くの国で子どもへの体罰《たいばつ》禁止の取り組みがなされています。その意味では平等に近づいているかもしれません。でも一方で、中学生のみなさんには参政権が認められていませんよね。なかには言葉を覚えたら参政権を与えるべきだと主張する人もいるんです。

私自身、まだこの考えに納得しているわけではありません。でも最近、日本でも公職選挙の選挙権年齢《ねんれい》を20歳以上から18歳以上に引き下げましたよね。じゃあ、18歳は投票できて、なぜ14歳はダメなのか？　それを合理的に説明することはたしかにできません。

平等についての考え方は、これからもどんどん変わっていくと思います。もしかしたら近い将来、中学生でも当たり前に投票できる時代がくるかもしれませんね。

――だとすると、平等が広がっていくのは、自然な流れっていうことなのかな？

フランスの貴族であるアレクシ・ド・トクヴィル（1805〜1859）は、1831年にアメリカへ渡《わた》りました。古い身分制度が色濃《こ》く残るヨーロッパにくらべて平等な社会を見て驚いたトクヴィルは、『アメリカのデモクラシー』という本を書きました。そこには、「社会が平等化していくことは「神の摂理《せつり》」である」といった意味の有名な言葉があります。元に戻《もど》すことのできない、避《さ》けられない歴史の流れとして、もはや階層構造が終わりを告げている、と考えたのです。

たしかにこれまでの歴史を見ていると、立ち止まったり、うしろに戻ったり、歩みが遅すぎるようなことはあっても、大まかには平等の方向に向かっているように見えます。

その理由は、やはり前に説明したような不平等のデメリットが大きいからだと思います。もちろん例外はありますが、長い目で見れば、平等な社会のほうが人々の力を十分に引き出すことができますし、社会も安定すると思います。平等化が必然かどうかはわかりませんが、そういうふうには言えるのではないでしょうか。

3 学校や家のなかにも、不平等がある？

——親子の関係ってそもそも対等とは言えないよね？ でも、同じ人間だから平等なのかな？

平等も対等も簡単にいうと「同じ」という意味ですから、英語に訳すとどちらもequalityとなります。日本語では、制度上優劣《ゆうれつ》がなく誰もが等しく扱われるというような意味で「平等」という言葉を使い、人と人のあいだに上下の関係がないというような意味では「対等」という言葉を使うように思います。

だから、その質問に対する私の答えは、「親子の関係も対等であるべきだと思う」です。

もちろん、あなたが考えているとおり、親と子の関係はすごく偏《かたよ》っていて、力の均《つ》り合いがとれているわけではない。少し難しい言葉を使うと、親子は「非対称的《ひたいしょう》」な関係ですよね。特に子どもが小さいときは、ほとんど一方的に親が子どもの世話をしたり、ものを教えたりするだけのようにも見えます。

でも、そんな場合でも、対等な人と人の関係には、必ずどこかに相互性《そうごせい》があるものです。

――相互性ってよくわからない。

それなら、ここでは教員と学生の例を先に考えてみましょう。

私は大学で政治学を教えています。この分野に関しては知識も経験も多くありますから、学生を指導することができます。その部分だけを見れば、対等ではないかもしれません。けれども、それは私のすべてではありません。同じように学生たちも、政治学を学ぶだけではない、さまざまな側面をもっているでしょう。ほかの学問も学ぶし、家族とかかわったり、アルバイトをしたり、友だちと遊んだり、趣味《しゅみ》をもっていたり……。人は誰でも、数え切れないたくさんの側面をもっています。

人と人がかかわるときには、そういったほかの部分も必ずかかわってきますから、私が学生を教えるときにも、逆にいろいろなことを教えられたり、新たな視点を発見したりすることはよくあります。

――先生にも家族がいるとか、なにか趣味をもっているとか、ちょっと想像しにくい。

そうでしょうね。先生なら先生、学生なら学生という、ひとつの側面だけでとらえてしまいがちですよね。

私も反省することがありますが、つい、やっている仕事だけからその人を見てしまうようなことがあります。でも、その人にとって仕事は人格の一部でしかないし、見えないところで私たちの想像できない多面的な生を生きているのだと思います。

自分には相手のすべてが見えているわけではない。平等な関係にあっては、そういういわば不透明《ふとうめい》な存在として相手を尊重することが大切です。だから、教師と学生の関係における優位‐劣位も人格のほんの一部のことでしかなく、それをほかの部分へと広げるべきではない。

優位－劣位をいつも固定してしまう関係は問題がある

別の言い方をすると、優位‐劣位をいつも固定してしまう関係というのは、平等という観点から見て、すごく問題があるのです。

――勉強を教える以外のことで、なにか命令してくるとか？

そうですね。私が教えている政治学以外のことでやたらに威張《いば》り散らしたり、飲み物を買ってこいと命令したりしたら大問題です。そういう問題のある行動を、最近はよく「パワーハラスメント（パワハラ）」と呼びます。立場上の優位を利用して、相手に苦痛や不利益を与えることです。

――中学生の場合でも、先生のパワハラって問題になるの？

パワハラという言葉は使われないかもしれませんが、同じようなハラスメントはありうるでしょうね。また、スポーツなどの部活動で顧問《こもん》やコーチが指導と称して怒鳴《どな》りつけたり、人格を傷つけるような言葉を投げつけるというようなパワハラがあることは、ときどき報じられています。たとえ肉体的な暴力はふるわなくても、これは言葉の暴力と言えるでしょう。

ミシェル・フーコー（1926〜1984）というフランスの哲学者は、「権力」というものを、国のような大きなものがふるう力ではなく、家庭をはじめ、広くどんな人と人のあいだにもつねに作用しているものとしてとらえた人です。この「権力」が固定化してくると、抵抗することのできない他人の意志によって、一方的にコントロールされるような状態になってしまうことがあります。フーコーはこのような関係を「支配」と呼び、つねにどこにでも存在する権力関係そのものとは区別しました。

――他人からコントロールされるってどういうこと？

相手の意向どおりに行動してしまうということです。

命令されたり、指図されるなど、直接的な干渉《かんしょう》を受けなくても、コントロールされてしまうということはあります。「忖度《そんたく》」という言葉がありますが、これは最近ではよく自分のほうから相手の意をくんで行動してしまうという意味で使われます。こんなふうにしたらあの人の機嫌《きげん》が悪くなるからやめようというのも、コントロールされていることになるかもしれません。

――正直、親の言うことをどのくらい聞いたらいいのか悩むときがあるなあ。

なるほど、その気持ちは私にもわかります。

でも親子の関係は本来、親が一方的に権力を行使して子どもを支配し、コントロールするような関係だけではないはずです。赤ちゃんとか、ごく小さな子どものころは別かもしれませんが、親子でもほかの人間関係と同じように、一方的に世話したり教育したりする以外の、人と人の多面的な関係が増えてきます。そうすると親の側でも、子どものコントロールをあきらめるべき場面が、少しずつ増えてきます。

私には娘《むすめ》がいますが、あるとき、彼女は「美術大学に進学したい」と言いだしました。私自身は、それがリスクの高い選択だと感じていました。美大への進学は簡単ではなく、お金もかかると聞いていましたし、卒業しても簡単には仕事が見つからないのではないかと思ったからです。でも、子どもが「行きたい」と言う以上、あきらめる必要があります。

この場合のあきらめるは「明《あき》らめる」、すなわち「あきらか」に見ること、つまり、その人が自分のコントロールの及《およ》ばない別個の人格であるということを認めることです。


——そうそう、そろそろコントロールをあきらめてほしい!

一方的に支配されると、人は自尊心をなくしてしまうものです。だから、親の言うことを聞くべきか思い悩みながらも自分自身をたのむ心を失わないでいられるなら、その関係には相互性があるのだと思います。

ところで、誰かが一方的に誰かをコントロールして支配するという関係は、本来は平等であるべき男女のあいだでも起きます。暴力や体格のちがいによる支配もありますが、それだけではありません。一方が多くのお金を稼《かせ》ぐという理由で、優位と劣位を固定するような関係もあります。たとえば、あなたの家のお父さんとお母さんの場合は、どうですか？

——うちは共働きだけど、どちらかというと母のほうが威張っているから……。でも、家事は母のほうがたくさんしています。これってマズい？

なんとなくですが、想像できますね。

ジェンダーによる優位と劣位の関係は、家庭のなかだけで見られるものではありません。賃金格差や昇進《しょうしん》格差など日本でも広く男女の不平等が存在することについては、最初のほうでも触《ふ》れましたよね。

ただ、ジェンダーの平等というのは、なかなか難しいところがあります。たとえば、あなたの家のお父さんとお母さんが今すぐ家事を半分ずつ分担することで、問題は簡単に解決しそうですか？　それぞれの家庭で事情がちがうから一概《いちがい》には言えませんが、そうとも言えない場合が多いでしょう。

もちろん、歴史的に女性が家事労働やケアワークを押《お》しつけられてきたという経緯《けいい》があって、それを平等にしていく必要はあります。しかし一方で、今の大人たちがどんな働き方をしているかを考えてみると、すべての男女に「家事や育児はいつも半々で！」と言うのには、ちょっと無理があるのではないでしょうか。

――どういうこと？

企業などで働く大人たちの多くもある意味で「支配」されていて、自分たちでは自由に働き方を選べる状況にないということです。たとえば、育児休業をとると自分のやりたい仕事から外されるかもしれず、昇進にひびくかもしれない。日本には世界でも一、二を争うくらいの充実した男性の育休制度がありますが、実際に育休をとる男性は少ないのです。制度は整ったけれど、働き方の慣行《かんこう》がまだ追いついていません。

あなたのお父さんやお母さんが、もし外で働く時間や場所やスタイルなどを選べないとしたら、二人のあいだで家事や育児をどう分担するかも、自由には決められないでしょう。

——学校でもなんとなく「女性が家事をしたほうがよい」「男性はとにかく稼がないと」という雰囲気があって、モヤモヤするなあ。

私が中学生だったころには、男子は技術、女子は家庭科と、性別によって受けなければならない授業が分けられていて、出席番号は男子が先などまだあからさまな差別が残っていました。今の学校は、そういう形式的な面ではかなり平等になってきたと思います。

あと昔はサッカーが好きな女子はマネージャーをやれなんていうこともあったけど、今は女子サッカー部も増えていますよね。女子ラグビー部や女子野球部は、まだ少ないかな。

——逆に、チアリーディングとか、アーティスティック・スイミングをやりたい男子もいるかも。

実際、いますね。ある生徒がなにかをやりたいと思ったとき、男性だから、女性だからという理由で一方にだけは門戸が閉ざされているとしたら、それは大きな問題です。

たとえば、女性の政治家を増やすためにあらかじめ「女性枠」をつくるなど、女性に有利な仕組みをつくることについては、どう思いますか？

――うーん、女性ばかりが優遇《ゆうぐう》されるのはズルい、逆差別だという人もけっこういそう。

そういう意見は、よく聞きますよね。

でも、思い出してください。長期的に不平等をなくしていくことに役立つなら、あったほうがよい不平等もあるのです。だから、これは長い時間軸《じく》で考えるべきでしょう。女性の政治家が少なくて、女性の意見が政策に反映されにくいという状況がずっと続いている。今のまま放っておいたら女性の政治家は増えないし、社会全体に不利益がもたらされるでしょう。

「女性枠」など長い目で不平等を是正《ぜせい》していくための仕組みは、なかなか受け入れられませんね。いま、ここでの不利益のほうがどうしても重視されがちです。ついでに言えば、こういう「積極的な格差是正措置《そち》」（アファーマティブ・アクション）も使えるところは政治家や専門職に限られていて限界があります。やはり、男性優位の仕組みをいろいろなところで問題にしていく必要があるでしょう。

――そういえば、私の学校では来年から男女別だった名簿《めいぼ》がひとつに統一されるみたい。先生が生徒を呼ぶときも、性別に関係なく「○○さん」と呼ぶけど、これも平等と関係してるのかな？

それは、いいですね。

私はこれまで、習慣的に男子学生は「△△くん」、女子学生は「○○さん」と区別して呼んできました。でも、それも変えようかな、と思っているところです。そう考えるようになったのは、トランスジェンダーの学生を教えることになったのが、一つのきっかけです。

――トランスジェンダーってなに？

一般《いっぱん》的には、生まれたときの身体的な性と、自分で自分がそうであると思う性（性自認）が一致《いっち》していない人のことをトランスジェンダーと呼びます。男性の体をもっているけれども自分を女性であると思っていたり、逆に女性の体をもっているけれども自分を男性であると思っていたり……。だから私も、その人が自分のことを女性であると感じているのだとすれば、女性として扱えばよいのだと単純に考えていたところがあります。

ところが、その学生はそもそも「男か女か」というふたつのうちどちらかに決めつけてしまうこと自体がおかしいのだと言うのです。「トランスジェンダー」というのは、そういうふうに枠をつくってそこに無理矢理当てはめようとすること自体を問い直す動きだ、と（この動きは、男女の二分法〔バイナリー〕に当てはめないという意味で「ノンバイナリー」とも呼ばれます）。私も、このように、学生から教えてもらうことがたくさんあります。

トランスジェンダーの人にとっても、男女のいずれかに当てはめない呼び方は歓迎《かんげい》すべきものじゃないかと思います。「〇〇さん」で統一すればすむという話でもありませんが。

――性的マイノリティとか、LGBTQとかいう言葉も最近、よく聞くなあ。

トランスジェンダーはLGBTQのなかのTですよね。Lはレズビアン、Gはゲイ、BはバイセクシャルTはトランスジェンダー、Qはクイア、クエスチョニングのことを指します。ここではくわしく解説できませんので単純化しますが、ちがいはおもに、自分は男なのか女なのかという「性自認」と、どのような人を恋愛《れんあい》の相手（あるいは性愛《せいあい》の相手）にするかという、「性的指向」によるもので、「セクシュアリティ」とも言われます。どちらも目に見えてわかるものではない。

――なんとなく派手な格好をしている人たちというイメージがあったんだけど……。

それは、ただの偏見《へんけん》ですね。目に見えない他人とのちがいをあえて服装などで表現しようすることはあるかもしれないけど。

ＬＧＢＴＱの割合は国によって、また調査によってもちがうのではっきりとはわからないのですが、おおむね数％から10％くらいと言われています。

――え、そんなにたくさんいるの？　それなら、クラスのなかにも何人かはいるってことかなあ。

それが、「見えない」ということの意味です。クラスのなかに肌の色が濃い生徒がいればすぐにわかるけど、レズビアンやゲイはそのことを表に出していないかもしれないのです。もちろん、自分の「性自認」や「性的指向」がまだはっきりとはしていないという人も多いとは思います。

男女のカップルならば結婚《けっこん》できるのに、男性どうしや女性どうしなら、それができない。そんな婚姻《こんいん》制度は不平等だと考える人も増えてきています。男どうし、女どうしという同性のカップルは夫婦と認められないので、長年いっしょに生活をしていてもパートナーが手術を受けるときに同意書（意識不明の場合など、本人にかわり家族がサインすることがあります）が書けなかったり、お葬式《そうしき》への参列が親族から認められなかったりという例もあります。性的マイノリティの人たちが抱《かか》えるこうした困難に、多数派の人たちはこれまでほとんど関心を払ってこなかった。

——自分にとっては大事な問題なのに、まわりの人は関心がないっていうのは、けっこうつらい気がする。

今でも、たとえば学校やクラスで何かを決めるとき、多数決をとることは多いですか？大多数の人たちが支持していることが「正しい」とされてしまい、そこから外れた少数の人を排除《はいじょ》したり、抑圧《よくあつ》してしまうことを「数の暴力」「多数の暴政《ぼうせい》」と呼ぶことがあります。

性的マイノリティの人が抱える困難は長いあいだ無視されてきた

――そのときの雰囲気に流されたり、声の大きい人の意見が通ったりすることはあるかも。

少数意見をもつ人に対して、多数意見に合わせるよう誘導《ゆうどう》する力のことを「同調圧力《どうちょうあつりょく》」と言いますね。それはときに言葉にならない「空気」のようなものであったりもするし、カリスマ的な人気をもつ人物の言葉に従ってしまうこともあります。

「多数の暴政」は19世紀、民主主義が広がっていく時代に、新しい形の暴力として注目されるようになりました。それまで問題とされていたのは、政府が市民にふるう暴政、つまり「上からの暴力」でした。ところが、対等であるはずの市民のあいだでも、多数派と少数派という形で、目には見えにくい暴力が存在することを指摘する人が出てきました。先ほども紹介《しょうかい》した、ジョン・スチュアート・ミルやアレクシ・ド・トクヴィルといった思想家たちです。

ミルは、多数派の意見ばかりが通るようになると、さまざまな「個性」の発現が抑《おさ》え込《こ》まれ、新しいものを生み出すことができない社会になってしまうと警告しました。トクヴィルも、多数派が自分たちだけの利益のために政治を行ってしまう可能性を指摘しました。

意味合いは多少ちがうにしても、どちらも多数による「水平的な権力」に注目したのです。

――でも、たとえ文句を言ったとしても、「じゃあ、多数決にする？」と返されたら、どうしようもないからなあ。

たしかに、そうかもしれませんね。

その時々の多数意思による支配を制約するための仕組みを取り入れてみるのも、ひとつの方法かもしれません。

なかでも、もっとも大きな意味をもつのが「立憲《りっけん》主義」です。立憲主義というのは、「憲法の制約のもとで政治を行いましょう」という考え方です。もちろん日本にも憲法があり、そこには前に話題にした平等権のほかにも、国民がもっているさまざまな権利が明記されています。

――それが、どうやって多数派から守ってくれるの？

たとえば、大きなテロ事件が起きたりすると、国民のあいだで安全＝セキュリティへの

「多数の暴政」を防ぎ
個人の権利を守るのが憲法の役割

関心がぐんと高まります。2001年9月11日のアメリカ同時多発テロ事件が起きたあともそうだったのですが、アメリカではテロを防ぐためなら「通信の秘密」とか「移動の自由」といった基本的な人権が守られなくてもよいのではないか、という世論が高まりました。この場合の多数派は、まさか自分がテロリストとして疑われることはないだろう、と信じる人たちです。彼らにとってほかの誰か、たとえば人種的マイノリティなど立場の弱い人々が電話を盗聴《とうちょう》されたり、好きな場所へ行くことを禁じられたりするのも、それほど大きな問題ではなかった。

こんなふうに、そのときの雰囲気で誰かの権利が脅《おびや》かされることのないよう、憲法は個人の大切な権利をしっかりと保障して、すぐには変えられないように守っています。制度としては、裁判所がそういう権利を侵害《しんがい》するような法律を「違憲《いけん》」（憲法に反している）と判断することを通じて、個人の権利を守ります。

――憲法ってそういう役割があるんだね。でも、クラスや学校で憲法みたいなルールをつくるのは、ちょっと無理じゃないかなあ。

多数決でものごとを決める国会のような場所でも、「数の暴力」「多数の暴政」を防ぐための仕組みはいくつかあります。たとえば、大きな決定をそのときのムードで決めてしまうのは危険なので、決定は時間の間隔《かんかく》をあけて何度かに分ける。衆議院と参議院の二院制もそのひとつと言えるし、とにかく多数決で何もかも決めるといった極端なことができないよう、さまざまなルールや手順があります。

それから、話し合いの場を細かく分けるというのも、よく使われますね。国会のなかに小さな委員会をつくったり、専門家を呼んで意見を集約してもらう会議を別につくったりすることもあります。小さな集団に分かれて話し合い、それを何らかの形で集約していくほうが同調圧力がはたらく余地は小さくなり、その場のムードに流されない議論ができるのではないでしょうか。

――それならクラスの話し合いでも、ちょっとは参考になるかも！

政治が「多数の暴政」に陥《おちい》ることを防ぐためにも、すぐに多数決をとったりせずに、互いに意見を述べあい、それぞれの主張の根拠《こんきょ》や理由を検討する意思形成を、「熟議民主主義《じゅくぎみんしゅしゅぎ》」と呼びます。対比される言葉は頭数をかぞえる「集計民主主義」です。そういう熟議を、国会や地方議会などはもちろん、学校や会社など社会のさまざまな場所に広げていけ

YES！
NO…
多数の暴《ぼう》政《せい》

熟議《じゅくぎ》民主主義

ば、少数者の声をしっかりと聞けるような社会、数で押し切らない社会にすることができるのではないかということです。やる気になれば、熟議は家庭でもできますね。

――議会以外での熟議って、たとえば？

日本ではまだ試行錯誤《しこうさくご》の段階ですが、世界の各地での熟議民主主義の実践《じっせん》にはけっこうな蓄積《ちくせき》があります。くじ引きなどで選ばれた一般の人たちが話し合いを行い、その結果を政策の決定や提言などに使う手法は、「ミニ・パブリックス」とも呼ばれています。議会であれ、学校の話し合いであれ、そのような「ミニ・パブリックス」であれ、大切にすべきなのは、今その人がもっている意思や意見は絶対ではない、という点です。

――それってどういうこと？

普段《ふだん》接していない情報やさまざまな意見に触れることで変わるのが、意見だということです。それから、自分の置かれた状況が変われば、今は正しいと思っていることがそうでなくなってしまう、ということもめずらしくありません。

たとえば近所の駅に階段しかないとして、エレベーターとエスカレーターのどちらを先につけるのがよいと思いますか？

——うーん、個人的にはエスカレーターのほうがよく使いそうだけど……。

そう思っている人も、自分が親になってベビーカーを使ったり、ケガをして車いすに乗ったりすると意見が変わりますよね。あるいは、そういう人たちの意見を直接、耳にするだけでも、考えが変わることも多いでしょう。「熟議民主主義」の大切さは、そんなところにあるのだと思います。

——ところで、クラスで発言力の強い子ってイケメンや美人の人気者が多かったりするんだけど、容姿のいい人のほうがいろんな意味で有利っていうのは、仕方がないことなのかなあ？

鋭《するど》いですね。外見の美しさと平等の問題は、私のなかにもモヤモヤしたものがありますから、ここでいっしょに考えてみましょう。

容姿に基づく優遇や差別のことは最近、「ルッキズム」と呼ばれていますね。考えなければいけないのは、私たちが人を美しいと感じる、あるいは外見が劣ると感じる基準は何か？　ということです。

――たとえば、「痩《や》せているほうがきれい」とか？

そうですね。痩せている人はよく「スタイルがよい」と言われます。一方で太っている人は馬鹿にされたり、ある時期には「自己管理ができていない」などと非難されたりしていました。けれども、そういう美の基準は時代とともに変わっていくし、現代ほど痩せている人たちがチヤホヤされる時代は、むしろめずらしいのです。ほかに、「肌の色は白いほどよい」という価値観もありますが、最近は大手化粧品《けしょうひん》メーカーの中でも、自社製品に「美白」という言葉を使わない、と表明する企業も出てきました。「白い」肌が美しいのだとすれば、もちろん、白人の優位、有色人種の劣位が維持されてしまいます。

――昔は太っているほうが、裕福な証拠《しょうこ》だからモテてたって聞いたことある。

そういう話もありますよね。つまり、はっきりとした美の基準というのが私たち一人ひとりのなかにあるのではない。別の言葉でいえば、人の美しさを評価する基準は社会的に構築されている部分が大きいということです。

――社会的に構築とかっていうのは、よくわからない。自分がきれいだなあ、とか醜《みにく》いなあと感じることは確かだから。

そうですね。私たちは生き物なので、腐《くさ》りそうなものだとか、流出しそうなものだとか、くさいもの、要するに生命にとって危険そうなものに対する嫌悪感《けんおかん》を自然にもっています。人が美しいと感じるか、醜いと感じるか。そのベースには、こういう生物学的な感覚もあるのだと思います。

ただ、痩せているほうがきれいとか、肌の色が白いほうがきれいとか、ひじょうに単純化された形で存在する美の基準は、さまざまなメディアなどを通じてつくられたものだと思います。本来、人の美しさというのは、ぽっちゃりしていて可愛いとか、肌の色が濃くて素敵とか、細い目がとても魅力的とか、ものすごく多様なものだと思います。

――そう思いたい、というのはあるんだけど、けっこう難しい。

個人の気持ちだけではどうにもならない、という意味で「社会的」なのだと思います。ほかのみんなも思っていることなので、当たり前のこととして、そう思ってしまう。テレビや雑誌のなかで、「こういう人が美しい」という決まったパターンを繰り返し見せられるから、ほかのタイプの美しさにはなかなか気づかない。だから、メディアの責任はとても大きいと思います。もちろん、背景には美容業界やダイエット業界などの影響もあります。

だから私たちは、積極的に「美の基準」を多様なものにしていかなければならない。たとえばアメリカでは、太っている人たちによる「ファット・プライド（太っている人の誇り）」「ファット・アクセプタンス（太っている人を受け入れること）」などと呼ばれる運動があります。これは、肥満への風当たりがひじょうに強い社会のなかで、いわば「太ったままでいる権利」を守ろうとする動きです。

――それは、なんとなくわかる。でも、きれいな人がモテたり、格好いい人が就職に有利だったりするんじゃないの？

見た目による有利・不利をなくすには、美の基準を多様化していく努力が必要

アイドルやモデルだけでなく、たとえばアパレルなど特定のイメージを重視する服を売る店の店員など、就職のとき容姿が採用の判断に影響を与えている例はあります。容姿とはまったく関係がないはずの仕事でも、容姿が採用の判断材料とされてしまう例はあるでしょう。求められる仕事をする能力や意欲は高いのに、容姿によってライフ・チャンスが奪われるとしたら、それは不正な差別だと思います。

でも、こうした状況を解決するのは難しい。そういう行為《こうい》を禁止して違反者を罰《ばっ》したり、不利を被《こうむ》っている人を支援したりしようとしても、基準がないからです。そして、わかりやすい基準があるとしたら、むしろそのほうが問題は大きい。

ちょっとだけ、思考実験をしてみてください。仮にあなたの容姿が著しく悪いと政府が認め、就職で不利だから代わりにお金をあげましょうと言われたら、どう感じるでしょうか？

――えー、政府にそんなこと言われたら、イヤだなあ！

そうですよね。収入の低さ、病気や障がいなどは、政府がそれぞれ基準をつくって福祉《ふくし》

政策に役立てていますが、同じように政府が美の基準をつくって審査《しんさ》するわけにはいきません。だからこそ、やはり社会的につくられた美の基準を多様化していく、という地道な努力を続けるほかないような気がします。

――外見の話で言うと、うちの学校には制服があります。制服って、ある意味では平等だよね？

お金持ちの家の子がよい服を見せびらかしたり、貧しい家の子が安い服ばかり着ていて恥《は》ずかしい思いをすることがない、というような意味でしょうか？　同じものを与えられるという意味では、たとえば給食も平等だと言えるかもしれませんね。

制服や給食がよいものか悪いものかについては、ここでは立ち入って論じませんが、制服を着てもよいし着なくてもよいとしたほうがそれぞれの意思を尊重できるでしょうし、子どもの貧困率が高い社会で給食が果たしている役割は大きいと思います。ただ、こんなふうに考えてみることは可能でしょう。服装や食事の不平等が大きな問題だということで、みんなが粗末《そまつ》な服を着せられ、カロリーが高いだけの食事をとらされたら、平等になりますよね。でも、これは前に指摘した「下に合わせること」で実現される平等ではありませんか？

――でも、なんとなく平等を実現するためには、自由をあきらめなければいけない気がしちゃう。

自由と平等の関係とは？　これも大問題ですね。それも、やはりなんの平等を考えるかによって変わってくるのではないでしょうか。

この章の最初のほうで、ジョン・ロールズという人の平等論を紹介しましたね。それは、一人ひとりの人生を通じて、どんな機会が開かれているかという「生の展望（ライフ・プロスペクト）」における平等が大切であるという考え方でした。だから、そんな機会の平等を阻《はば》むような格差があったとしたら、国の制度はそれを是正すべきということになります。

このようなロールズの考え方に対して、同意できないという人もたくさんいます。たとえば、ロバート・ノージック（１９３８～２００２）という、やはりアメリカの哲学者もそのひとりです（ハーバード大学でロールズの同僚《どうりょう》でした）。

ノージックは、個人の自由、個人の所有権を重視しました。自分の能力は自分だけのものであり、それを行使して得たものは、とにかく自分のものであると考えたのです。だから、たとえば経済的に恵まれない学生を支援するために国が奨学金を給付し、そのために裕福な人から税金をとるのは許されない、ということになる。

8時間働いて、そのうち3時間分を税金として国に払わなければならないなら、それは国が私の時間を奪っていることになるではないか？　そんな強制労働のようなことは道徳的にまちがっている、というわけです。

――まちがっているかどうかわからないけど、平等のために、自由を犠牲《ぎせい》にしている感じはするかも。

そういう感じがしますか。

ただ、ノージックのような自由を重視して格差を認める考え方を「リバタリアニズム」（自由至上主義）と呼びますが、必ずしも自由のために平等を犠牲にせよと言っているわけではありません。むしろちがうのは、平等のとらえ方です。誰もが同じく自由にモノを売ったり買ったりすることができ、やりたい仕事を選べる。そして、そうやって稼いだお金や、自分のお金で買った持ち物を、決して誰かにとられたりしない、という意味での平等。そこを突《つ》き詰《つ》めていけば、裕福な人と貧しい人がいるという経済的に大きな格差があるのは当たり前だということになります。

ドイツの有名な哲学者であるイマヌエル・カント（1724〜1804）は、「何よりもまず考慮《こうりょ》に入れなければならない公共の福祉《ふくし》とは、法によって一人ひとりすべての人に対して自由を保障するような法的体制である」と言いました。つまり、個人の幸せは、一人ひとりが追求するものであって、国が保障すべきなのは、その前提となる平等な自由だということです。国の制度は一人ひとりの幸福を保障するものではありません。

ノージックもロールズも、ある意味ではこれと同じところから出発しますが、その自由をどうとらえるかが、まったくちがいます。ロールズの考える自由というのは、とにかく放っておいても存在する空気のようなものではありません。人々の自由と自由とが両立するためには、その条件にあまりに大きな格差があってはならないと論じるのです。

――自由に行動するためには、ある程度の平等が必要ということ？

そうです。個人の自由を重視するノージックの考え方だと、たしかに国による支配は小さくしていくことができます。

でも問題なのは、あまりに格差が大きくなりすぎると、縦ではなく、横の関係における

自由を重視して格差が広がると、経済力のちがいによる支配関係が生まれる

支配が生まれてくることです。つまり、経済力のちがいによって生じる支配をどのようにとらえるか。格差が広がっていくと、もしかしたら「お金で人を買う」ようなことが起きるかもしれません。仮に本人同士が契約《けいやく》で認めていれば、人間の自由に値段をつけて売るようなことが許されるでしょうか？

——それってたとえば、どういうこと？

現実に起きていることとして、劣悪《れつあく》な労働環境《かんきょう》にある工場や倉庫といったものがたびたび問題視されています。夏でもクーラーのない配送センターで荷物の仕分けをさせられたり、冷凍庫《れいとうこ》のなかでの長時間労働を強《し》いられたりといった事例です。

経済格差が広がれば広がるほど、かつての奴隷に近い条件でも労働せざるをえない人も出てくるでしょう。こういった問題に、ノージックのような考えをもつ人たちは関心をもつでしょうか？　それは自分で選択した「結果」だから仕方がない、ということになりそうです。

でも、本当にそうでしょうか？

自由と平等の問題は、学校のような身近な場所を例に考えるだけでは十分とは言えないかもしれません。より広い国や世界のなかで、どうなっているのか？　どうあるべきなのか？　次章以降では、それを考えてみることにしましょう。

第2章

日本と世界のなかの不平等

①

格差ってどんどん広がっているの？

——世界には、ものすごいお金持ちもいるよね？

たとえば世界の大富豪の上位２１５３人がもっている資産を合わせると、もっとも貧しい人たち46億人分の資産を上回る、といったショッキングな計算について聞いたことがあるかもしれません。これはオクスファムという国際非政府組織（ＮＧＯ）による２０１９年時点の推計ですが、このとき世界の人口は約77億人でした。だとすると、約２０００人がもつ富が、全人類の半分がもつ富よりもずっと多いことになりますね。あるいは単純すぎる計算ではあるけれど、ここには２００万倍以上の格差があるとも言える。

——うーん、お金持ちがすごいのか、貧しい人が多すぎるのか。すごすぎて、ちょ

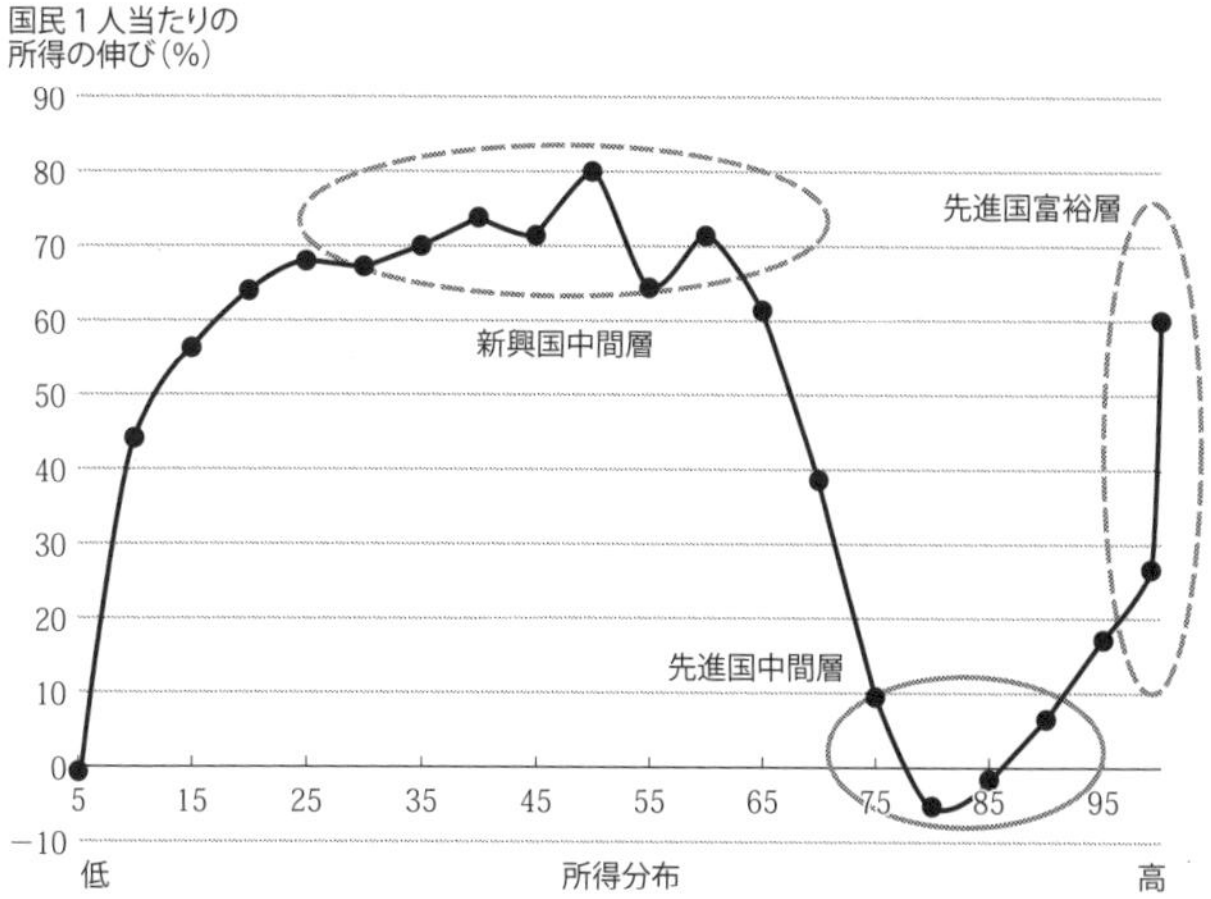

世界の所得伸び率の分布

っとわからない。

世界銀行は、極度の貧困層を「1日1.90ドル未満で生活する人々」と定義しています。そして2020年には世界人口の約9%、約7億人がこれに当たると推計しています。新型コロナウイルスの影響で一時的に増えていますが、長期的に見るとこの極度の貧困層の割合は、ゆっくりと低下する傾向にあります。

——だとすると、世界の格差は広がっているの？　それとも縮まっているの？

気になりますよね。その質問に対する答えは、残念ながら単純ではありません。まず、前のページにあるグラフを見てください。

左右の軸は、左にいくほど貧しい人たち、右にいくほどお金持ちであることを表します。上下の軸は、所得の大きさではなく、所得がどれだけ増えたか、あるいは減ったかを示します。もっと具体的にいうと、１９８８年から２００８年までの20年間で、世界中の人々の所得がどう変化したかを表すものです。

このグラフは形が横向きのゾウに見えることから、エレファント・カーブと呼ばれています。


――ああ、ゾウが鼻を高くあげているんだ。でも、所得の変化ってどういうこと？


たとえば、この一番右端の高くなっているゾウの鼻の先。ここは世界中でもっとも豊かなお金持ち１％を表します。ここが高くなっているのは、この人たちが20年間で稼ぐ所得が増えたことを意味します。

つまり上位１％のお金持ちが、よりお金持ちになったということを示しています。そのほか、目立って高いのはどこでしょう？

――ゾウの背中！

そうですね。ここがとても高いのは、中国やインドなどのアジア新興国で「中間層」と呼ばれる人の所得が増え、これらの国が豊かになったことと関係があります。一方で、ふたつの高い部分のあいだには、逆にすごく低い部分があります。目盛りを見ると、0を下回っているところもある。これは、20年のあいだに所得がほとんど伸《の》びていないということを意味します。

この目立って低いところは、アメリカやEU（欧州連合）、日本などの先進国に暮らす中間層だというのが一般的な解釈です。つまり、先進国では一部のお金持ちはすごく豊かになっているけれど、全体として格差は広がっている。一方で新興国が豊かになって先進国との差が小さくなってきている。

それから、忘れてはいけないのが、ゾウのおしりというかしっぽの部分です。先ほども話題に出た「極度の貧困層」も、やはり所得が伸びていない。

――ということは、格差が広がっているところと、縮まっているところがある？

上位1%と下位1%をくらべるという意味では、格差はすごく広がっていますよね。ただ、これまで先進国と新興国や途上国《とじょうこく》のあいだにあった大きな格差は、縮まっていると言えるでしょう。そして先進国のなかだけに限っていうと、富裕層の所得が大きく伸びる一方で、これまで「中間層」と呼ばれた人たちの所得が落ち込んで二極化している。

これは「中間層の没落」などと呼ばれています。社会を支えてきた多数派である中間層の多くが所得を減らし、低所得者の割合が増えている。2016年の大統領選挙でドナルド・トランプ前大統領に投票した層の多くが、このような所得を減らした「元中間層」だったと見る人が多いのです。トランプ前大統領は移民の流入を防ぐためにアメリカとメキシコの国境に壁《かべ》をつくり、雇用《こよう》をアメリカ国民へと取り戻すことを主張して支持を得ました。

こうしたトレンドは、世界中の先進国でも見られます。フランスでは国民連合（2018年までは国民戦線）という政党の党首であるマリーヌ・ルペンが2017年の大統領選挙で2位に入り、決選投票に残ったことで注目されました。この人はアフリカ大陸などからやってくる移民の受け入れを大幅に削減すべきだという主張を掲げています。

このような外国からの移民に対する厳しい態度は、とくに、所得を減らして中間層から貧困層へと落ち込みつつあるロウアー・ミドル・クラス（下層中流階級）の人々から支持を集めています。

――つまり、外国から移民が来ると、元から住んでいた国民が損をするということ？

困っている自分たちに仕事がまわってこないのは、安い賃金で働く外国人が入ってきて仕事を奪っているからだ、という見方もあります。しかし、それだけではありません。むしろ彼らが主張しているのは、国の福祉サービスから、外国人を排除すべきだということです。手厚い保護を受けるべきなのは、移民ではなく自分たちだ。彼らを追い出せば、自分たちにお金がまわってくるはずだ。そんな話が魅力的に聞こえるのです。

もちろん、実際にはそんな単純な問題ではありません。移民が増えることで経済がうまくいき、税収を増やしている国がたくさんあります。そのなかで移民を追い出したら、もっとひどいことになる可能性もあるのですから。

貧困に苦しむ元中間層の人々を中心に外国人を排除すべきという声が強まっている

先進国における人手不足も、外国からの移民が問題となる背景のひとつです。とりわけ、担い手を見つけることが難しくなってしまった低賃金の職業、たとえば介護や保育、あるいは農作物の収穫《しゅうかく》や魚介類の加工、建設現場での仕事などにたずさわる人をどう確保するのか、という大きな課題があります。そういう仕事の賃金を高くすればよいのか？　それとも、みんなで順番にシェアするような仕組みをつくるのか？　少子高齢化が進んでいる日本では特に介護の担い手が足りないので、とりあえず外国からケアワーカーを呼ぼうという方向になりつつあります。

――日本では移民の問題って、まだあまり大きくないよね。

たしかにアメリカ合衆国やEUとくらべると、まだ移民の数はひじょうに少ないですよね。けれども、２０１９年から日本でも「特定技能」をもつ外国人を受け入れるための制度がはじまりました。これは、介護や建設業、食品加工業、農業など、人手の足りていない業種について、一定の条件のもとで外国から人を呼んで雇《やと》うことを認めるものです。

これまでも、「技能実習制度」と呼ばれる研修制度に似た仕組みのなかで外国人が仕事をしているのですが、この制度はいろいろと問題が多いのです。「特定技能」を定めたことで、日本もついに「移民受け入れ国家」への道を歩みはじめたと言えるかもしれません。

――技能実習制度って何？　どんな問題があるの？

海外から働き手を受け入れる一方で定住化は妨ごうとする日本の移民政策

やはり外国から人を呼んで、農業や漁業、建設業や食品加工業など、人手の足りていない現場で働いてもらうのですが、あくまでも「実習」や「研修」をしながら技能を学んでもらう「人材育成」が目的であるという建前をもった制度です。そのため、そこで働く人のための制度としては抜け穴《ぬあな》や不備も多く、働かせる側にも正式に労働者を雇うという意識が低いという問題がありました。低賃金で長時間の労働をさせられたり、暴力的な扱いを受けたりといった事例がつぎつぎと報じられ、「現代の奴隷制度」とまで批判されるようになったのです。「研修先」から外国人労働者が失踪《しっそう》し、そのまま「非正規滞在者《たいざいしゃ》」と呼ばれる状態になってしまうことも少なくありません。

そうした批判をふまえ、正式な労働者として外国人に在留資格を与えることにしたのが、さきほどの「特定技能」です。でも日本の移民政策はずっと一貫《いっかん》していて、そこには「人手が足りないところでたくさん働いてほしいけど、日本に定住はしないでください」「できれば5年くらいで帰ってほしい」といった本音が、はっきり見えてしまっている。

――日本で働く外国人はみんな、ずっと日本に住みたいと思っているの？

そうとも限りません。むしろ日本にいるあいだにできるだけ稼いで故郷に仕送りをし、貯金もして、早く帰りたいと思っている人のほうが多いかもしれません。けれども3年とか5年とか暮らしていると生活基盤や人との関係ができて、なかにはそのまま日本で暮らしたいという人も出てくるのは自然なことでしょう。日本でパートナーと出会って結婚して子どもをもつ人もいるし、母国から家族を呼んでこちらで暮らしたいという人もいます。

働く人の生活を支えるのは給料だけではありません。医療や子どもの教育はもちろん、食事や行事などさまざまな楽しみもふくめて生活の全体を支えることができなければ、「住民」として受け入れているとは言えないでしょう。「働いてほしいけど、定住はしないで」などというのは、そこで暮らそうとしている人に対してあまりにひどい態度と言わざるをえません。

この「定住化阻止《そし》」という考え方がもっとも露骨に表れているのが、日本の「出入国《しゅつにゅうこく》管理制度」です。日本で暮らす外国人の生活は、「出入国管理及び難民《なんみん》認定法」（一般に入《にゅう》管法《かんほう》と呼ばれます）と「外国人登録法」のふたつによって管理されていて、これらに違反《いはん》すると処罰《しょばつ》されたり、退去命令が出されたりすることもあります。そのやり方は、世界のなかでもとても過酷であることが知られていて、人権保障という面でも多くの問題をはらんでいます（二〇二一年にはスリランカ人女性が医療放置の末に入管施設で亡くなる痛ましい事件もありました）。紛争やテロリズム、政治的・宗教的迫害《はくがい》など、さまざまな危険にさらされて日本に逃《のが》れてきた難民の受け入れにも、日本は驚くほど消極的です。

問題は国の政策だけではありません。調べてみると、一般的な日本人がもつ「移民」や「外国人受け入れ」に対するイメージもネガティブです。多くの人にとってそれは「治安の悪化を招く」ものであったり、「日本の文化を壊《こわ》す」ものであったり、「日本人から職を奪う」ものであったりする。けれども、こういったイメージにはほとんど裏づけがなく、外国人の受け入れで犯罪率が高まることを示すデータもありません。

日本は移民を受け入れることに決めたけれど、制度としても、国民の意識としても、まったく準備ができていないというのが実情でしょう。

――なんだか、日本の評判が悪くなっちゃいそうだね。

そのとおりですね。決して小さな問題ではありません。というのも、外国からの労働力を必要としているのは日本だけではないからです。たとえばフィリピンやインドネシアからの労働者にとって、働く場所はほかにもあります。シンガポール、韓国、台湾……。そのなかから選ぶことになったら、どうするでしょうか？　たんなる労働力であるかのような扱いを受けて5年経《た》ったら追い出されるような国で働きたいと思う人はいないでしょう。自分を見下したりせず、住民のひとりとして平等に扱ってくれるような国で働きたいと思うのは、当たり前だと思います。これは、単に給料さえ払えばよいという話ではないのです。

ただ最近は、移民の受け入れに消極的な政策が、ほとんどの先進国で共通して見られます。広がっていく格差にどう対応するか、という大きな問題を抱えた各国の政府にとって今、移民を積極的に受け入れるという政策は、ひじょうに取りにくいのでしょう。

――日本は、それほど格差が大きい国というイメージがないけど、ちがうのかなあ？

ある社会のなかにある所得の不平等の度合いを測る指標として、広く使われているのが「ジニ係数」です。これはイタリアの統計学者、コッラド・ジニが考案したもので、一言でいうと「偏り＝不均等さがどのくらいあるか？」を示す数値です。所得だけでなく、たとえば日本の各都道府県にある大学の数はどのくらい偏っているか？　といった疑問にも答えることができます。

ジニ係数は0から1のあいだの数字で示されますが、0が完全に均等で偏りがない状態で、1に近いほど偏りが大きい。たとえば村に10世帯あったとして、稼ぐお金が全世帯まったく同じだとしたら0になる。逆に、1世帯だけが10世帯分稼ぎ、ほかの9世帯の所得がゼロだったら1です。

2017年の数字ですが、日本のジニ係数は0・34です。アメリカの0・39やイギリスの0・37よりは低いのですが、先進国の平均よりはかなり高いので、格差が小さな国とは言えません。ただ、先進国を除いた新興国や途上国もふくめると、中国やブラジルなど、日本よりもっと大きな格差のある国はたくさんあります。

——日本もけっこう格差が大きいんだね、でも、ジニ係数ってどうして世帯ごとに測るの？

一人ひとりの所得で計算すると、たとえば給料をもらっていない主婦や主夫は所得がゼロということになってしまうでしょう。国に支払う税金、逆に国から国民に支払われる給付金なども、世帯を対象にすることが多いのです。

ただ、日本のように世帯の人数が減っていたり、単身世帯が増えていたりすることがジ

先進国の中では日本は平均よりも格差が大きい国

ニ係数にどんな影響を与えるかについては、さまざまな議論があります。だから、ジニ係数のような指標は参考になるけれども、それがすべてではありません。

それから、所得に関するジニ係数には、いま挙げたものとは別のものがあることも重要な点です。

——もうひとつのジニ係数？

今説明したのは、「再分配所得のジニ係数」でした。再分配所得とは、会社から支払われる給料や事業の売り上げなどの所得から、国に支払う税金や社会保険料を引いたり、反対に年金や医療、介護、保育などの社会福祉サービスを加えたりした所得のことです。これがどれくらい偏っているか。つまり不平等の度合いを示しています。

——よくわからない！

もし、あなたのお母さんやお父さんが会社員や公務員なら、ぜひ一度「給《きゅう》与《よ》明細《めいさい》を見せて！」と頼んでみてください。毎月の給料から、所得税《しょとくぜい》と呼ばれる国に払う税金のほかに、都道府県や市町村に払う住民税が引かれているのが、わかるはずです。それだけでなく、病気やケガをしたときのために払う健康保険料、失業したときに備えて払う雇用保険料、40歳以上になると介護保険料も払います。そして、将来年金をもらうために払う厚生年金も、多くの人が毎月払っています。

――えー、そんなにいろいろ払ってるんだ！

所得によって金額の大きさはちがいますが、企業などで働いている人ならほぼ全員、負担しているものです。一方で65歳以上の人がいたとしたら、若いころに払った額に応じて、年金を受け取っていることが多いでしょう。

こうやって政府がある人からはお金を受け取り、ある人にはお金を給付したり、サービスを提供したりする仕組みのことを、「再分配」と言います。政府を通じて富を分配し直す仕組みです。

格差を是正するために政府を通じて富を分配し直す「再分配」

――「再分配」って聞いたことのある言葉だけど、それがあっても平等にはならないんだよね？

逆に、「再分配」がなかったらどうなっているかを考えてみましょう。それを示すのが、先ほど言った、もうひとつのジニ係数です。再分配をする前の所得をくらべたものは、「当初所得のジニ係数」と呼ばれています。日本の「再分配所得のジニ係数」は長期的に見てもそれほど変化がないのに対し、「当初所得のジニ係数」のほうはかなり大きくなっていることがわかります。

――なんだか頭がこんがらがってきた。もし「再分配」がなかったら、もっと格差が広がっていたということ？

そういうことになりますね。年金の例を考えればわかりやすいと思いますが、日本は今、年金を払う人よりも受け取る人のほうが増えています。もし年金による収入がなかったとしたら、収入の格差はもっと大きかったはずです。

――ただ、消費税もそうだけど、払わなければいけない税金が上がるのは誰でもイヤだよね。

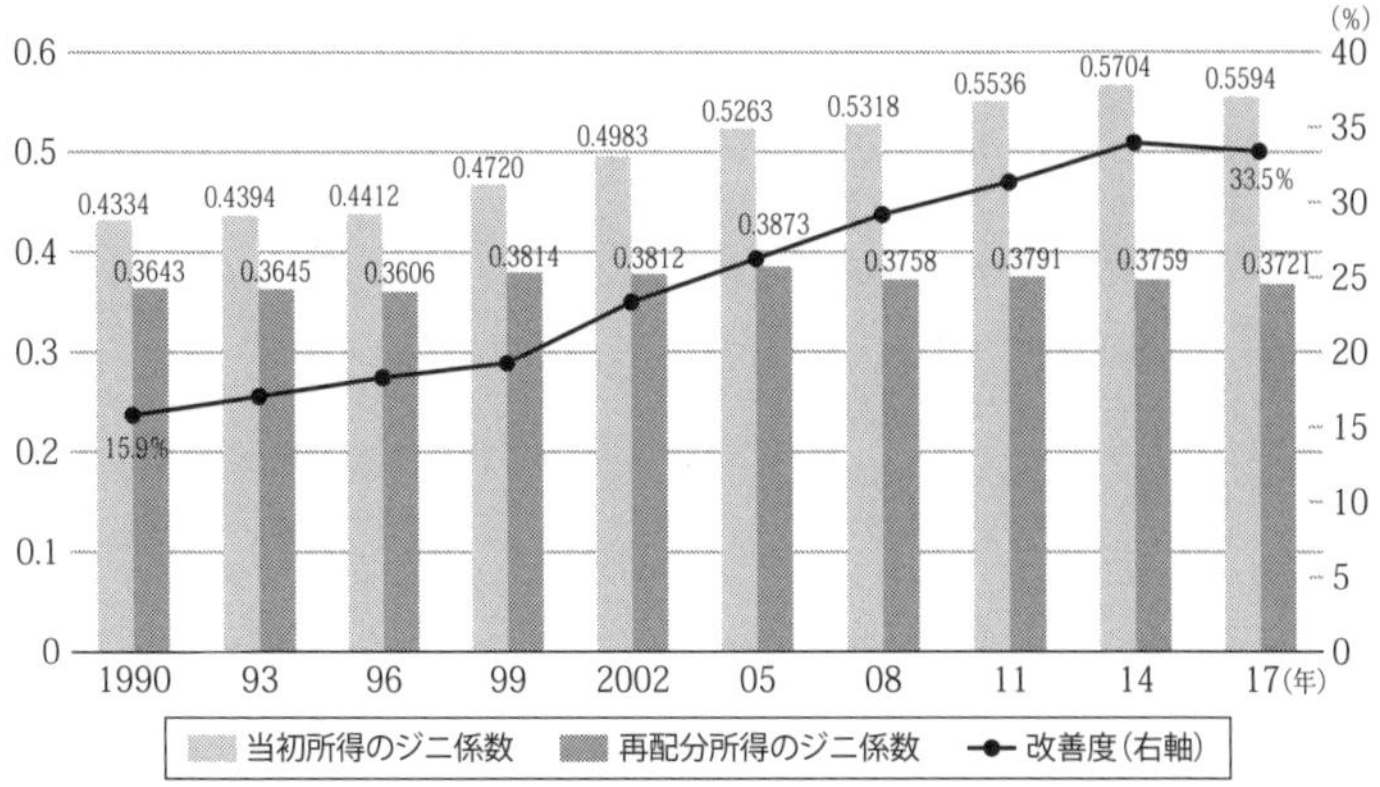

「再分配所得のジニ係数」の改善の推移

　所得税や消費税といったさまざまな租税《そぜい》の負担と、健康保険や年金といった社会保険料の負担を合わせて、個人や企業が所得の何割を国に支払っているかを示す、「国民負担率」という指標があります（グラフ101頁）。日本の最新の国民負担率は44・3％。個人でいえば、稼いだお金の4割以上を国に支払っていることになりますよね。

　もしかしたら、「それは、ちょっと高いなあ」と思うかもしれません。ところが日本の国民負担率は、アメリカにくらべると少し高いのですが、ほかの先進国のなかでくらべると、わりと低いことがわかります。

　もっとも高いルクセンブルクは、なんと70％を超える。続くフランスやデンマーク、ベルギー、フィンランドなどは60％以上です。国民負担率というのは、低ければ低いほど税金が安くてよい、というような話ではありません。国民負担率の高い国々では、手厚い社会保障サービスが返ってくることを国民も知っているので、それに納得した上で税金や社会保険料を負担していると言えるでしょう。

日本では、「税金が上がるのはイヤだ」と思っている人が多いとすれば、その理由は払っても自分にとってよい形でお金やサービスが返ってくることはないと思っているからでしょう。払ったお金をうまく使い、互いに支え合うという好循環《こうじゅんかん》ができていない。そういう制度への不信が根強くあるので、なるべく税金も払いたくないという人が多い。

――よい使われ方をするなら、まあ払ってもいいと思うよね。そもそも税金ってお金持ちほど多く払っているんでしょ？

税金にもさまざまな種類があることは、知っているでしょう。そのうち、課税される対象の額が高いほど税率が高くなるものを「累進税《るいしんぜい》」といいます。代表的なのは、日本では所得税、そして相続税《そうぞくぜい》と贈与税《ぞうよぜい》です。だから、こういう税金はお金持ちのほうが多く払っていると言えるでしょうね。

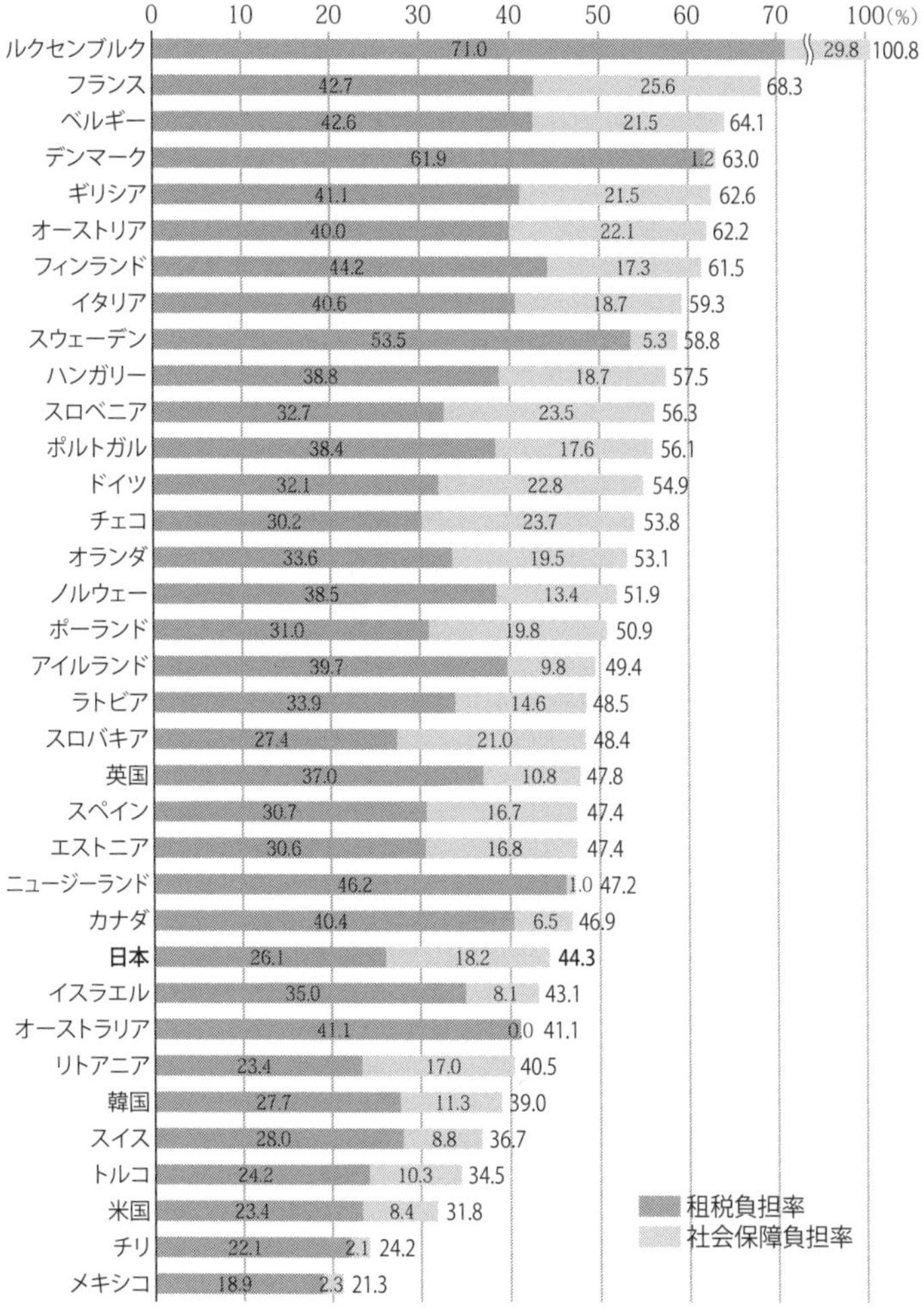
0 10 20 30 40 50 60 70 100(%)
ルクセンブルク 71.0 29.8 100.8
フランス 42.7 25.6 68.3
ベルギー 42.6 21.5 64.1
デンマーク 61.9 1.2 63.0
ギリシア 41.1 21.5 62.6
オーストリア 40.0 22.1 62.2
フィンランド 44.2 17.3 61.5
イタリア 40.6 18.7 59.3
スウェーデン 53.5 5.3 58.8
ハンガリー 38.8 18.7 57.5
スロベニア 32.7 23.5 56.3
ポルトガル 38.4 17.6 56.1
ドイツ 32.1 22.8 54.9
チェコ 30.2 23.7 53.8
オランダ 33.6 19.5 53.1
ノルウェー 38.5 13.4 51.9
ポーランド 31.0 19.8 50.9
アイルランド 39.7 9.8 49.4
ラトビア 33.9 14.6 48.5
スロバキア 27.4 21.0 48.4
英国 37.0 10.8 47.8
スペイン 30.7 16.7 47.4
エストニア 30.6 16.8 47.4
ニュージーランド 46.2 1.0 47.2
カナダ 40.4 6.5 46.9
日本 26.1 18.2 44.3
イスラエル 35.0 8.1 43.1
オーストラリア 41.1 0.0 41.1
リトアニア 23.4 17.0 40.5
韓国 27.7 11.3 39.0
スイス 28.0 8.8 36.7
トルコ 24.2 10.3 34.5
米国 23.4 8.4 31.8
チリ 22.1 2.1 24.2
メキシコ 18.9 2.3 21.3
租税負担率
社会保障負担率

国民負担率の国際比較（OCED 加盟 35 カ国）

一方、みなさんも何かモノを買うときにはいつも払っている消費税は、税率が一定なので「比例税」と呼ばれています。お金持ちは、たくさんお金を使うのでその分たくさんの消費税を払っているという意味では、多く払っています。でも、その負担の割合は貧しい人と同じです。

――よく消費税は平等だとか不平等だとか言われるけど、どういうこと？

目的が何であれ、誰かにお金を払ったときに一律の割合でかかるのが消費税です。車をもっている人、土地をもっている人だけにかかる税金とちがって、広く浅くみんなから徴収《ちょうしゅう》することができる。すべての人が納税者になるという点では「平等」です。

でも、稼いだお金をどれだけ消費に使うかをくらべてみると、やはり貧しい人のほうが支出の割合は高い。つまり、貧しい人ほど消費税をとられるときの負担の割合が大きくなる。このことを、「累進性」の反対という意味で「逆進性《ぎやくしんせい》がある」と表現します。貧しい人ほど負担の割合が大きくなるという点では不平等です。

――消費税にもメリットがあるけど、消費税ばかりが高くなるのは問題だというこ

一律の割合で課される消費税は
貧しい人ほど負担の割合が大きくなる

と？

そういうことだと思います。貧しい人にとっては厳しい税金であることは事実です。食料品や医薬品、水道代などの生活必需品《ひつじゅひん》について、多くの国では消費税の対象から外したり、特別に税率を低くしたりしているのは、そういう理由からです。日本でも２０１９年に消費税が10％に引き上げられたとき、「酒類・外食を除く飲食料品」などには２％低い軽減税率が導入されました。外食とテイクアウトのちがいが微妙《びみょう》だなど、ずいぶん話題になりましたよね。

もうひとつ「逆進性」を和らげるための方法として、アメリカやイギリス、フランス、韓国などの国で見られる事例ですが、「給付付き税額控除《ぜいがくこうじょ》」についても紹介しましょう。

税額控除というものを簡単に説明すると、以下のようになります。あなたの払う税金が10万円だとして、税額控除が５万円だとしたら、支払う税金は５万円になる。

――つまり税金の割引みたいなもの？

そうですね。日本では何かの寄付をしたとき、自然災害や犯罪の被害《ひがい》に遭《あ》ったとき、あるいは住宅を買うなど大きな支出があったときに特例として認められています。ところで、あなたの払う税金が10万円だとして、税額控除が20万円だったら、どうなるでしょうか?

――10万円もらえる! ということはないよね。

そこで10万円もらえるのが「給付付き税額控除」です。これは、所得が一定額よりも低くなると、所得が少ない人ほど給付が多くなるのです。足りない分を給付で補うことによって、生活が成り立つようにする制度ですね。いまは懸命《けんめい》に働いても十分な所得を得られない人も多いので、そういう人たちを助ける有効な仕組みになると思います。

ところで、また少し想像してほしいのですが、自分が毎月かなりの給料をもらっていると考えてみてください。生活するには十分すぎるほどもらっているし、自分だけのためではなく、この国に住む人たちのためにも税金を払うとしましょう。何%くらいまでなら、払ってもよいと思いますか?

――うーん、うんとたくさん稼いでいるのなら30%くらいまでかなあ。

大学生を対象とした実験調査だと、そのくらいと答える人が多いようです。

今の日本では、年間の所得が４０００万円を超えると税率が45％になります。これは、たとえば給与所得が５０００万円あるとしたら、４０００万円を超えた１０００万円分に対して45％の税が課されるということなので、ざっと30％に近い金額となります。もちろん、住民税や社会保険料も払うので、手取りはちょうど半分くらいになってしまうでしょう。

――それは、ちょっと悲しくなるかもしれないなあ。

お金持ちはどのくらい税金を払うべきか？　適切な累進税とはどの程度か？　いつの時代にも、さまざまな議論があります。ただ、税金の制度は多くの人々が公平で正しいと思えるようなものでなければ、維持できません。１９７４年くらいまでの日本では、所得税の最高税率はなんと75％もあり、累進課税のカーブは今よりずっと急勾配《きゅうこうばい》でした。

たくさん稼いでいる人は、たくさん税金を納めるべきである。当時の人がもっていた、そういう「公平感覚」の根っこには、何があったのでしょうか？　指摘されているのは、世界大戦でともに戦ったという、記憶の名残《なごり》があったのではないかという点です。戦争では多くの人が命を落としました。家や土地、工場を失った人もたくさんいます。そのなかで、もし自分が運よく稼げる仕事や商売を見つけたとしたら、その分たくさんの税金を払うのは当然ではないだろうか。そう考えた人が、まだ多かったのかもしれません。同じ国民として助け合うべきだという「連帯感《れんたいかん》」が、まだ強かったとも言えます。

高い累進税が時代とともに下がっていく傾向は、日本だけではなく、アメリカなどでも広く見られる現象です。

――でも、人によって稼ぎがちがうのは、仕事の種類がちがったり、能力がちがったりするからでしょ？　ある程度は、仕方がない感じもするんだけど。

大事なポイントですね。第1章で、スゴ腕の外科医の話が出てきました。いくら平等が大切といっても、みんなが手術をしてほしいと思うような、腕のいい外科医が同じ報酬しかもらえなかったとしたら、患者《かんじゃ》の側にも不利益が生まれてしまうおそれがあります。

人によって仕事に対する報酬がちがうことを正当化する議論には、さまざまなものがあります。努力のちがいを強調するものから、教育や訓練の期間の長さを指摘するもの、負っているリスクの大きさに注目するものなどです。

前にも紹介したジョン・ロールズは、努力に当たる部分をどのようにして見分けるのかという問いに対し、否定的に答えています。みなさんも自分で考えてみてほしいと思いますが、実際、努力に当たる部分を見分けるのは難しいですね。がんばろうという気持ち自体が家庭の環境にも左右されるし、そもそも評価されやすい才能をもっている人はがんばろうという意欲も強くなります。一方、人よりも長い教育や訓練に報いるものとしての報酬のちがいはロールズも肯定《こうてい》し、「正当な期待」だと見ています。

社会的・経済的な格差の問題については、ロールズはむしろ社会の制度をどうつくっていくかを重視し、有名な「格差原理」を提唱しました。不平等が理にかなっている、と言えるのは、もっとも不利な立場にある人たちの境遇の改善になるような場合だけであるというのです。つまり、貧しい人にとっても利益になるような格差ならば、あってもよい。

――もっとも貧しい人たちの利益になる場合だけ？　なんだか、すごく厳しそう。

かなり厳しい条件ですよね。これを、社会のすべての人々にとって利益になる場合にのみ不平等は正当化できる、と若干緩《ゆる》めることもできます。

いずれにしても、「格差原理」は社会の制度をどう組み立てるかというときの考え方で、あらゆる財の分配に用いられるわけではありません。基本的な考えは、社会の制度はもっとも不利な立場に置かれる人たちも納得して受け入れることができるものでなければならない、というものです。不利な人たちをさらに不利にするような制度をもった社会に生きるのは厳しすぎるでしょうし、そんな社会は長続きしないでしょう。

――そんな社会には暮らしたくないな。でも、そもそも給料の額って、どう決まるの？

そこが肝心《かんじん》なところです。たとえば大きな工場をもち、家電製品をつくって売るような会社があるとしましょう。材料を買って商品をつくり、広告を出し、お店で商品を売ることで得た利益をどのように使うか？　会社の持ち主である株主《かぶぬし》に配当金を払ったり、働いている人に給料やボーナスを払ったり、あるいは将来の事業のためにお金を貯めたりします。

――儲けたお金をどうやって分配するか、ってことだよね。

ふたつのジニ係数について話したときに出てきた、「再分配所得」と「当初所得」という言葉を思い出してみてください。

「当初所得」というのは、会社の利益を分けるときに株主や経営者が受け取る株式配当や報酬、従業員の一人ひとりが受け取る給料やボーナスのことですね。これが最初の分配です。そこから税金や健康保険料などが引かれる。あるいは買い物したときには消費税などを払う。それが、結局のところ「再分配所得」となる。つまり、ここには2回の分配がある。

税金など「再分配」はよく話題になりますが、「当初分配」という言葉は、あまり聞き慣れませんよね。一度懐《ふところ》に入ったものを政府にとられるのが税金ですから、人は税金＝再分配に対してすごく神経質になります。でも、そもそも自分の給料がどうやって決まっているかという肝心なことについては、意外に注意を払っていなかったりするのです。

日本の企業では最近労働者にあまりお金を分配していない

たとえば、あなたが会社のオーナーなら、なるべくなら人件費、つまり社員やアルバイトなどの従業員に支払う給料を低く抑えたいと思うかもしれない。会社の売り上げから、原材料費や輸送費など、会社の外に支払う費用を除いた「付加《ふか》価値」のうち、どれだけ従業員に分配しているか？ それを示す指標が「労働分配率」です。その年ごとの変化を見ると、日本の企業では最近、労働者にお金があまりまわっていない傾向がはっきりとしています。実際、労働者の実質所得は増えていません。

――会社が儲けても、給料が上がらないってことでしょ？　それは困るなあ。

同じ会社に勤めていても、役職がちがったり、職種がちがったり、年齢や性別がちがったり、能力がちがったりしますよね。そうしたちがいを給料やボーナスにどう反映させるか？　これも、「当初分配」を左右します。社長や重役はたくさん給料をもらうけど、末《まっ》端《たん》で働く従業員の給料が不当に安い、ということもめずらしくありません。また、同じ職種で同じ仕事をしているのに、たとえば正社員とパートタイムといった雇用形態によって給料にちがいがあったり、ほかにも男性社員と女性社員に明らかな有利不利があったりした場合、平等という観点から見ても問題が大きい。

――どうすればいいのかな？　たとえば、「給料を上げないと、働かないぞ！」とストライキをするとか？

働く人たちが労働組合をつくって不平等な制度を正したり、賃上げを要求するのは大事ですね。でも残念ながら今の日本では、労働組合はかつてのような交渉《こうしょう》力を失ってしまいました。給料の引き上げはもちろん、企業のなかにあるさまざまな不平等を正すための力も弱くなっているように感じます。

――給料やボーナスを上げるのに、ほかに何かよい方法はないの？

企業自身が労働分配率を上げていくのはなかなか難しいと思います。「内部留保《ないぶりゅうほ》」と言いますが、どうしても溜《た》めていくほうに向かいがちですから。でも、公的な制度をつかって最低賃金を上げていくというのは、ひとつの方法です。最低賃金というのは、労働者に支払わなければならない1時間当たりの賃金の最低額を国が定めたものです。

――最低賃金って聞いたことがある。都道府県によってちがうんでしょ？

日本の最低賃金は少しずつ上がっているが他の先進国に比べると低い

２０２０年10月に改定された時点での最高額は東京都の１０１３円。もっとも低いのは秋田県・鳥取県・島根県・高知県・佐賀県・大分県・沖縄県の７９２円です。近年、少しずつ引き上げられてきてはいますが、最低賃金が他の先進国と比べて低いことの背景には、中小企業の経営を守ることを重視してきた日本政府の政策があります。

日本の最低賃金は低いほうですが、アメリカはさらに低かった。でも２０２１年に就任したジョー・バイデン大統領は、連邦《れんぽう》政府が定める労働者の最低賃金を時給7・25ドル（約760円）から2倍の同15ドルへ引き上げようとしていると伝えられています。

最低賃金を上げれば、もちろん貧しい人にとっては利益になるはずです。ただ、そうすると経営が行き詰まる企業もたしかに出てくるでしょう。雇用の機会が減っていくかもしれない。でも一方では、そうした企業を最低賃金を抑えてまで守る必要はなく、新たな企業の参入を促《うなが》したほうがいいのではという考えもあります。アメリカでも日本でも、同じような論争が交わされています。

労働分配率を上げるためにはどうしたらよいのか？　最低賃金はどのくらい上げるべきなのか？　そうした議論を通して、よい社会をつくっていくのが政治の大きな役割です。ここからは、平等な社会をつくるために、どんなルールをつくるべきなのか、政治は何をすべきなのかを少し掘《ほ》り下げて、考えてみましょう。

2 不平等をなくすために、政治は何ができる？

——政治で大切なのは、やっぱり選挙だよね。選挙の仕組みって一応、平等と言えるのかな？

なかなか難しい問題ですが、少しずつ考えてみましょう。

一人一票をもつ選挙の仕組みが大切なのは、言うまでもありません。第1章の平等の歴史でも少し触れましたが、もともと成人男性の一部だけしかもっていなかった選挙権が徐々に広がっていき、最終的には女性もふくめすべての成人が選挙権をもつ国が増えていきました。日本でも、第二次世界大戦後の１９４５年に女性の参政権が認められるようになりました。

――でも、「一票の格差」という言葉は聞いたことがあるよ。

選挙区によって有権者の人口がちがうと、有権者一人、あるいは一票が選挙結果に与える力がちがってしまうという意味ですよね。

たとえば日本の衆議院選挙でいうと、東京のような大都市では1選挙区あたりの人口が多く、地方の選挙区にくらべると2倍近くになっていることがあります。時代とともに人口はどんどん変わるので、選挙のたびにこの「格差」が話題となり、選挙の区割りや定数の見直しが何度も行われてきました。

直感的にいっても、私の1票があなたの2票分だとしたら、ズルいと思うでしょう。衆議院でも参議院でも、地方出身の議員のほうが多いのは、都会の人にとって不利だと言われることもあります。でも、選挙を通して代表を選ぶとき、平等という意味で本当にそれが一番大切なことでしょうか？

――どういうこと？　ほかにもっと考えるべきことがあるってこと？

選挙制度には、さまざまな形態がありえます。

世界の国々にはさまざまな選挙制度の形がある

一票の格差でいえば、たとえばアメリカ合衆国の上院議員は各州2名ずつですが、人口の少ないハワイ州も、人口の多いテキサス州も同じです。でも、そのことを問題視する人は、あまり多くありません。この場合、上院議員は各州の代表であるという象徴的な意味が大きいのでしょう。

日本の国会議員も、「地域代表」というイメージが強い。でもそれは絶対的なものではありません。比例代表制のように、地域の利害を超えて支持する政党の候補者に投票する選挙制度もあります。あるいは、フランスでは、職業別の利害を代表する「職能《しょくのう》代表」が制度化されたこともありました。

日本では1994年の公職選挙法《こうしょくせんきょほう》の改正によって、衆議院で「小選挙区《しょうせんきょく》比例代表《ひれいだいひょう》並《へい》立制《りっせい》」が導入されました。小選挙区制と比例代表制を組み合わせた制度なので「並立」と言います。小選挙区制は、ひとつの選挙区から一人の代表を選ぶ仕組みです。これだと、負けた候補者に入った票は、どんなに僅差《きんさ》であってもすべて死票《しひょう》、つまり、当選者の決定には結びつかない票になります。

ひとつの選挙区で複数の人を選ぶ選挙では、死票が減ります。たとえば、選挙区が全体でひとつしかない市議会議員選挙などでは、得票数の多い人から順番に当選者を決めていきます。こういう仕組みでは、自分が投票したのにその候補者が落選してしまったという人は、むしろ少なくなります。

――どっちがいいのか、どっちが平等なのか、よくわからないけど。

死票の率が高いという意味では、小選挙区制はあまり平等とは言えないのかもしれません。この制度では、投票総数のうち半数に満たない票しか得ていない与党が、7割から8割といった圧倒的《あっとうてき》多数の議席を獲得《かくとく》することもめずらしくありません。

もちろん、日本で小選挙区制が導入されたのには、それなりの理由がありました。アメリカやイギリスのように政権交代の起きやすい、二大政党制がよいと考えられたからです。そのほうが思い切った政策を実現する政権ができるだろう、という考えのもとで改革が進められたのです。

――実際には、どうだったの？

小選挙区制の評価はさまざまですが、今の日本は二大政党制になっているとは言えない状況ですね。お手本だったイギリスでもこのところ二大政党制が明らかに崩れてきています。二大政党制がまだ維持されているのはアメリカくらいかもしれません。

もう一方の比例代表制は、逆に多党化、つまり多くの政党ができることを促すことが知られています。ドイツやイタリアなどヨーロッパの多くの国では、さまざまな民意を反映した多くの党が話し合い、政策協定を結びながら連立政権をつくっています。こうした政権は不安定であるとか、思い切った政策を実行できずに妥協《だきょう》することが多いなどと批判されます。でも私自身は、政党間の熟議を促すという意味でも、比例代表制をもっと重視してよいのではないかと考えています。

――ほかの国と比べて政治がよいか悪いかわからないけど、日本みたいに、みんなが安心して医療を受けられる国ばかりじゃないよって親が言ってたなあ。

日本には「国民皆保険制度《こくみんかいほけんせいど》」がありますね。1961年に国民健康保険の制度が整い、すべての国民がなんらかの健康保険に加入し、ケガや病気の際に医療給付が受けられる状態になりました。それ以前には、農家や商店主などを中心に、何千万人もの「無保険者」がいたのです。

そもそも健康保険とは、どんな制度でしょうか？　あなたが風邪《かぜ》をひいて病院に行ったときのことを思い出してください。診察《しんさつ》を受けたあとに会計で支払いをして、それから薬局でもお金を払い、薬をもらって帰りますよね。このとき支払う金額は年齢や職業によってもちがいがありますが、健康保険に入っている70歳までの大人は約3割です。つまり、お医者さんや薬局に払うべき診療費や薬代が5000円なら、患者は1500円を払い、残りの7割（3500円）は保険から払われていることになります。

もし健康保険に入っていなければ、すべて個人が負担することになります。風邪をひいただけで、1万円近くかかるかもしれない。ちょっと重い病気にかかると、一気に経済的な負担が重くのしかかることになりかねません。こうした公的な保険制度があることで、私たちはわりと気軽に病院へ行って診てもらうことができています。

――健康な人たちが、そうでない人たちの分を払っているってこと？

そうとも言えますね。1年間、医者に行かなかったという人でも保険料を払います。住んでいる所や勤め先、そして個人の収入によっても保険料はちがってきます。低所得者にとって月に数万円の保険料負担はけっして軽くはありませんが、いざというときに安心できるというのが、公的健康保険の大きな長所です。だから歳をとって、あるいは病気にかかって働けなくなっても、医療費の負担は少ないままですみます。このような日本の「国民皆保険制度」とくらべて、いわば対極にあるのがアメリカの医療制度と言えるでしょう。

アメリカには今も、かつて日本にいたような「無保険者」がたくさんいます。その背景にあるもっとも大きな理由は、日本のような公的保険制度がカバーする人の範囲《はんい》がひじょうに狭《せま》く、ほとんどの人は民間の医療保険に加入する必要があるということです。逆にいうと、好きな保険を自己責任で選び、安い保険を選んだり、あえて保険に入らなかったりする自由もある。ただし、国民1人あたりの医療費は世界でもダントツに高く、そうした選択を「自由」と言えるかはなはだ疑問ですね。

結果として、実に5000万人もの中・低所得者層が無保険者として取り残され、基本的な医療を受けることも難しくなってしまいました。そんななか2010年春、当時のバラク・オバマ大統領の名前をとって「オバマケア」と呼ばれる医療保険改革法が成立して話題となりました。これは、中・低所得者層が健康保険に加入する際の政府補助を拡大し、保険会社が持病を理由にした加入拒否《きょひ》ができないように規制を強化するものです。約2000万人もの人が保険に加入できるようになったと言われています。それでも、完全に無保険者がいなくなったわけではありません。

――保険に入りたいのに、入れないということがあるの？

こんど、まわりの大人に民間の医療保険に入っているか聞いてみてください。ガンにかかったとき、あるいは入院したときにお金を払ってくれるようなタイプの保険などがあります。こういう民間の保険だと、年齢や性別だけではなく、どんな病気にかかったことがあるか、喫煙《きつえん》の習慣があるか、などによって保険料が変わることがあります。利益を大きくしたい保険会社としては、なるべく病気にかかるリスクの低い人を集め、すぐにも病気になりそうな不健康な人は避けたい。こういう保険会社の自由に任せたとしたら、もっとも健康保険を必要としている人が排除されてしまう可能性が大きくなってしまう。公的保険の場合は、リスクが高いからといって保険から排除されることはありません。

――それを聞くと、日本の公的保険のほうがよさそうと思えるけど……。

そうですね。ただ日本の健康保険制度にも、問題がないわけではありません。たとえば、企業が正規の社員を増やすと、その分だけ健康保険料や雇用保険料を負担しなければなりません。そうなると、これをいやがる企業が非正規の雇用を増やすということが起きる。

あるいは、貧しい人ほど所得に占める健康保険料の負担が重いという事実も、指摘されています。

日本では企業で働く正社員以外の人（商店主などの自営業、農林水産業に従事する人、会社を退職した人、無職の人など）をすべてカバーする「国民健康保険」があることで、誰もが保険に入ることのできる「皆保険」制度が維持されてきました。しかし、非正規雇用の人が増え、こうした前提はゆらぎはじめています。２０１９年の時点で国民健康保険の保険料を滞納《たいのう》している世帯の割合は14％にものぼり、そのうち約３割の世帯が保険証を取り上げられています。

生活のために健康保険料を払えないと、こんどは病気やケガをしても病院に行くことさえできなくなってしまう。不平等をなくして所得の再配分を行うための仕組みであったはずのものが、逆に人々を社会から排除してしまうこともある。これは、社会保険制度の「逆機能」とも呼ばれる現象です。

――たしか、医療費がタダという国もあるよね？

ありますね。イギリスの国民保健サービス（ＮＨＳ）という制度が、なかでもよく知られています。これはイギリスの国家予算の4分の1が投じられているという国営の医療サービス事業です。日本からイギリスに留学した学生なども利用できる、ひじょうに平等な制度ですが、高い国民負担のほかにも、いくつか問題が指摘されています。たとえば風邪をひいて診察を予約しようとすると、2週間も先でないと空《あ》きがなかったり……。まあ、風邪くらいは自分で薬を買って治せということなのでしょう。

——それは困るかも。でも、国によって税金の使い方や社会保障の考え方もいろいろあるんだね。

イエスタ・エスピン＝アンデルセンというデンマークの研究者は、先進国における福祉のあり方は、大きく3つのレジーム（体制）に分けられると説明しています。

ひとつめは、アメリカやカナダ、オーストラリアなどの国々。これは「自由主義レジーム」と呼ばれています。こういう国でもっとも重視されているのは、人々の自助《じじょ》努力。つまり、自分のことは自分で守れという考え方です。だから、医療保険も国のものではなく、民間の保険を自分で選んで加入するなどといったことが求められます。社会保障は必要最小限に抑えられ、本当に貧しい人たちや困った人たちだけを対象とする場合が多い。結果として、不平等の度合いは高くなる傾向があります。

ふたつめは、スウェーデンやデンマークなど北欧《ほくおう》の国々に多い、「社会民主主義レジーム」です。こうした国々では税金の負担がけっこう大きいけれど、社会保障は一部の貧しい人だけを対象とするのではなく、すべての人が同じサービスを受けるという考え方が基本にあります。日本で社会保障というと、おもにお年寄りを対象にしたもの、というイメージがあるかもしれません。これに対して北欧諸国などでは、若い人にも政府がたくさんお金を使います。

――北欧の国は、すごく平等っていうイメージがある。でも社会保障が充実《じゅうじつ》しすぎると、若い人なんかみんな安心しすぎてあんまり働かなくなっちゃうってことはないの？

若い人も対象とはいえ、それはただお金をみんなに配るというのとはちがいます。

一般的なイメージとは異なり、こういう国では競争が激しく、特に業績の悪い企業はすぐに淘汰《とうた》されてなくなってしまいます。ただ、そこで働いていた人たちには職業訓練を積極的に行い、新しい産業や職種に労働力が移っていくように手厚く支援していく。だから、安心しすぎるというのとは、ちょっとちがうかもしれませんね。

そして、最後の3つめのタイプはドイツ、フランス、イタリアなどの「保守主義レジーム」です。これは、伝統的な社会の仕組みを残しながら社会保障制度をつくっている国々のことです。大きな特徴のひとつは、家族の役割を重視していること。男女の性別による役割の分業が残っていたりして、家族のなかでリスクに対応する部分が大きい。また、組合に似た伝統的な職業共同体の役割も大きいので、企業にとっては従業員を解雇《かいこ》しにくいことが多いのも特徴です。

——日本はそれに近いのかな？　でも家族の役割が大きいって、たとえばどういうこと？

「お父さんが外で働いて、お母さんは家事をする」といった役割分担も、そのひとつです。また子育てや教育、それから介護といった分野でも、まずは家族のなかで誰かが担うべきといった考え方が根強くあります。

これは制度だけの問題ではなく、価値観の問題もあると思います。日本では2000年に介護保険制度ができましたが、まずは家族ができる範囲で介護をすべき、という感覚は

イエスタ・エスピン＝アンデルセンによる

先進国における福祉のありかた

自由主義レジーム

国に頼らず自分のことは自分で！

社会保障は必要最小限

アメリカ・カナダ・オーストラリアなど

社会民主主義レジーム

税金負担大

すべての人が同じサービスを受けられる

スウェーデン・デンマークなどの北欧諸国

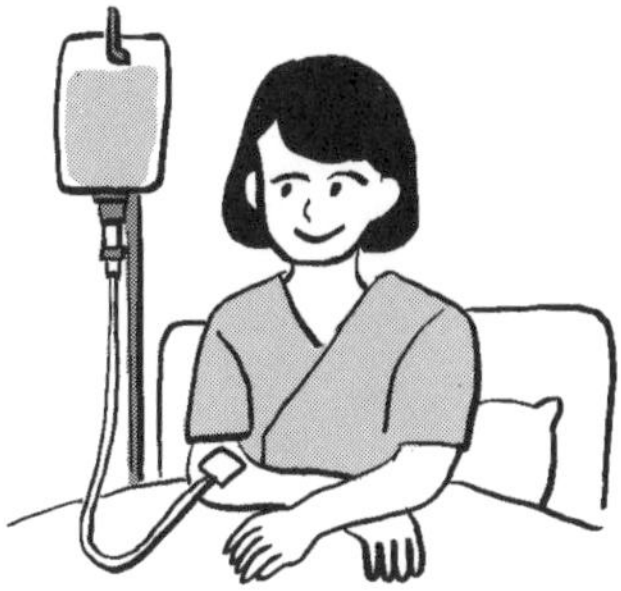

保守主義レジーム

家族や男女の役割を重視

伝統的な社会の仕組みによる社会保障

ドイツ・フランス・イタリアなど

まだまだ根強い。これに対し、「自由主義レジーム」や「社会民主主義レジーム」の国々では、家族よりも個人、あるいは国が責任を負うべきだと考える人が多いのです。

ところで、「ヤングケアラー」という言葉は聞いたことがありますか？

——あ、ニュースで聞いたことがある。親や祖父母の介護をしたり、家事をしたり、きょうだいの世話をしている子どものことだよね？

勉強や仕事をしながら、家庭内でも重い役割を担っている若い人たちは結構いて、最近の実態調査では、中学2年生の17人に1人という高い割合であると報じられました。家庭内で助け合うこと、介護や家事をすること自体は、もちろんよいことです。しかし、それによって学校の勉強に支障が出る、部活動や友人づきあいなどがまったくできないなど、基本的な社会生活までもがおろそかになるなら、やはり大きな問題です。

ヤングケアラーが抱える問題はこれまであまり取り上げられてこなかったし、周囲の人も、そんな問題があることに気づいていないことも多い。そうした状況のなかにいる本人たちも、それが当たり前だと思っていたり、たとえ苦しんでいてもどう助けを求めればよいのかわからなかったりする。このように、社会のなかで光が当たっていないことが、大きな問題なのだと思います。日本でも、孤立《こりつ》しがちなヤングケアラーを早めに発見して支援につなぐ国レベルの取り組みがようやく本格化するところです。

このように日本は、家族の役割を重視しているという点では、「保守主義レジーム」に近いように見えます。けれども全体的な社会保障の規模などを数字でくらべてみると、むしろアメリカなど「自由主義レジーム」に近づいていることがわかるのです。とりわけ、子育て支援などの若い人への支出がとても少ないという特徴があります。

日本には、年老いたら年金がある。病気になったら健康保険もある。仕事を失ったら失業保険がある。本当に生活できなくなったら、生活保護という仕組みもある。「セーフティネット」という言葉に代表されるように、日本の社会保障は、困った人をあとから助けるという性格が強いと思います。

――セーフティネットってよく聞くけど、どういう意味なの？

サーカスなどで使う「落ちてもケガをしないための網《あみ》」をイメージするとよいかもしれませんね。日本語では「安全網《あんぜんもう》」と呼ばれることもありますが、何らかの理由で貧困に陥ったり、住む場所がなくなってしまったりした人が困らないように助ける仕組みのことです。

もちろん、セーフティネットをしっかりと張ることは大切なのですが、社会保障の役割は、それだけではないと思います。子育て支援などもそうですが、より平等な社会を実現するためには、人生のはじめのほう、事後ではなく「事前の支援」が大切です。別の言い方をすると、社会に排除された人々を助けるためではなく、排除されないように助ける支援がもっと必要です。

――それってたとえば、どういう支援のこと?

たとえば、日本では国の教育への支出が十分とは言えません。若い人を対象にした奨学金については第1章で少し触れましたが、大学を卒業した時点で多額の借金を背負わせるような制度なら、よい支援とは言えないでしょう。また、会社をクビになってからはじめて職業訓練を受けるのではなく、働きながら学びなおしたり、新たなスキルを身につけられるような環境をつくっていくことも大切でしょう。

ひとつ、すごく極端な例を紹介しておきましょう。アメリカのブルース・アッカマン(1943〜)という憲法学者らが提唱した「ステークホルダーズ・グラント」という制度

平等な社会を実現するためには、社会から人々が排除されないように助ける「事前の支援」が大切。

です。これは、国民が21歳になった時点で全員に8万ドル（約863万円）を一括《いっかつ》給付するという構想でした。何に使うかは、もちろん自由です。

——ええ？　それは嬉しいかも！　でも、すごく役に立たないものを買っちゃいそう……。

実際にはまだ実現していない、あくまでも構想レベルの話ですよ。ただ趣旨《しゅし》としては、生活援助《えんじょ》ではなく、若者が世に出るのを手助けするためのお金です。大学の授業料に使ってもいいし、何か新しい事業をはじめるための資金として使ってもいい。

現実のものとしては、イギリスにはかつて「児童信託基金《じどうしんたくききん》」という制度が実際にありました。これは親がつくる子ども名義の口座であり、税制面で優遇されます。口座には国からも何度かお金が振《ふ》り込まれるのですが、主に親が積み立てをすることが期待されました。子どもが18歳になるまでは勝手に引き出せません。成長して社会に出ていくときに備え、なかば強制的に貯金をさせるような仕組みと言えるでしょう。

――うーん、国がそこまでやるべきなの？　という疑問は、ちょっと湧くけどね。

政治がどこまで社会の一人ひとりの生活に介入すべきなのか？　どこまで平等を求めるべきなのか？　というのは、とても根本的な問題ですよね。

最近、「ベーシックインカム」が話題になることが多いのですが、みなさんも聞いたことがあるでしょうか？　これは、政府が国民一人ひとりに対して一定の現金を定期的に支給するというものです。働いていても、働いていなくてもいい。どんなにお金持ちでも、どんなに貧しくても支給額は同じです。

ベーシックインカムの案は、さまざまな立場の人たちが支持しており、わりと人気があります。なぜかというと、制度がシンプルで無駄《むだ》がない。全体としてのお金の額は大きいのですが、政府の役割は小さい。個人は国がつくる細かい制度に縛《しば》られることなく、自由にお金を使えばいい。このお金は医療のためだとか、介護のためだとか、住宅のためだとかいうふうに使い方が決められていないからです。

ベーシックインカムが盛んに議論される背景には、ＡＩの進歩によって仕事が減るのではないかという懸念《けねん》もあります。つまり、働いて十分な収入が得られるだけの雇用の機会が減っていくのではないか、働くことを前提とした社会保障の仕組みは成り立たなくなっ

世界各国で盛んに議論される「ベーシックインカム」

ていくのではないか、という懸念です。

――ベーシックインカムって、実際にうまくいくの？

まだ多くが議論や実験の段階なので、なんとも言えません。２０２０年にスペインでかなり近いものが導入されて話題になりましたが、審査や承認が遅れるなど、混乱しているようですね。私自身も当初、いい制度だなと考えていました。ただ、最近は問題点も多いと感じています。

もっとも大きな問題のひとつは、こういう単純な仕組みほど、切り下げの圧力を受けやすいこと。つまり、当初は12万円だったものが、財政状況の悪化などを理由に10万円、次は8万円という具合に下げられていく可能性が高いということです。

もうひとつは、やはり財源です。誰かが働いて、税金を払わなければならない。でも、働くことへのモチベーションをどうやってつくるか。仕事というのは、単にお金を稼ぐという意味を超えた、いろいろな側面をもっています。働くことで得られる誇りもあるし、誰かに認められたいという承認欲求もあるでしょう。ベーシックインカムをたんに行政にかかるコストを削減《さくげん》し、企業の負担を軽減するためだけの制度にしないようにするためには、さまざまな問題をクリアーする必要があります。

――じゃあ、どうすればいいの？

私自身は、やはり何にでも使える現金を一律に配るのではなく、政府が国民にとって必要なサービスを提供すべきではないかと考えています。もちろん、民間のサービスを使ってもいいし、そのやり方は目的に合ったものを選びます。ただそうすると、どうしても政府の役割が大きくなる。国民にはどんなニーズがあるかを政府が集約し、どのようなサービスを誰がどう提供するかも決めなくてはならない。そういう課題もありますが、無駄なコストを抑えながらも、基本的なサービスを人々に無償《むしょう》であるいは安価で提供する。そして、そのサービスにたずさわる人々に雇用や仕事の機会をつくりだす。そもそも何が基本的なサービスなのかを考える対話の機会も開かれるかもしれない。ベーシックインカムのようなひとつの大きな制度ではなく、そういう具体的な制度をいくつも組み合わせ、修正しながら対応していくほうが、結局はいいのではないかと思っているのです。

――お金の話が多いけど、政治が解決すべき不平等ってほかにもたくさんあるよね。

もちろんです。たとえば、どんな不平等に関心がありますか？

――最近、車いすに乗っている子と友だちになったから、障がい者のことが気になる。

そうでしたか。身近にそういう知り合いがいると、街の中にあるいろいろな問題に気づきますね。

後でケイパビリティという考え方についてお話ししますが、実際に自由を行使するための条件は人によってだいぶ異なります。車いすに乗っていても好きな場所に行ける。そのためには、社会全体として必要な場所にエレベーターを設置するなどといった最低限のインフラをつくっていかなければなりません。これは、何も特別な人だけに向けたものではありません。誰もが年を重ねて足腰《あしこし》の機能が弱っていくことは確実だし、子どもができてベビーカーを利用することも、きっとあるでしょう。

同じように、目の見えない人や耳の聞こえない人にも対しても、自分で自由を行使できる個人であるために必要な教育、情報などが届くような仕組みをつくっていくのは当然です。

――友だちもいろいろ苦労しているよ。介助《かいじょ》するヘルパーさんも大変そうだし。

程度の差はあれ、他人の手助けというのが、どうしても必要になってきますからね。

エヴァ・フェダー・キテイというアメリカの哲学者は、ロールズらが理想とする「自由で平等な個人」が集まってつくる社会から、ケアする人とケアされる人が周辺に追いやられてしまっていることを指摘しました。

これは、何も障がい者だけにかぎった話ではありません。たとえば、小さな子どもたちは、他人の世話なしには生きられません。病気やケガ、老化で寝《ね》たきりになった人も、そうでしょう。誰かに依存することや、それに応えて助けるのは別に悪いことではなく、人間にとってはごくありふれたことです。まるで依存するのは悪いことであるかのように捉えるのは、問題ではないでしょうか。

キテイは、こういうケアする人やケアされる人の両方を社会が支えていくことの大切さを強調しました。たとえば、親が子どもの世話をしているときには、この人たちをまわりが手助けする。障がい者の介助をしている人たちの手助けをする。ケアというものを当たり前に存在すべきものとして、個人から社会的な領域へと広げていく必要がある。先ほど出た、ヤングケアラーの問題にもかかわってきますね。

ケアされる人だけではなくケアする人を社会で支えるという考え方は、「ドゥーリアの理論」とも呼ばれています。古代ギリシア語の「ドゥーラ」、他の女性をサポートする経験豊かな女性という意味ですが、それが元になった考え方です。日本でも、妊娠《にんしん》・出産をする女性をサポートする仕事を、「ドゥーラ」と呼ぶような事例も出てきました。ケアする人をケアできる仕組みをどうつくっていくか？　これは誰にとっても切実な問題で、先延ばしせずに考えるべきことです。

ケアする人・ケアされる人を社会で支えていく仕組みづくりが必要

――さっき選挙の話が出たけど、友だちのお父さんは外国籍《がいこくせき》だから、ずっと日本の会社で働いて税金を払っていても、選挙権がないんだって話してた。それって、どうなのかな？

日本国籍はもっていないけれど、日本にいま永住している人は約１１０万です。この人たちは日本人と同じような生活をし、同じように税金も払い、同じ制度のもとに生きています。けれども、そういう仕組みについて決定していくプロセスには参加することができない。ごく一部の住民投票などで参加が認められているだけです。

私自身は、これは参政権をもっている市民による、もっていない非市民への暴政と言ってもよいのではないかと思っています。一定の条件は必要でしょうが、たとえば5年以上暮らしたら選挙権を与える、などといった仕組みをつくるべきです。

政治哲学者のなかには、すべての人間に「移動する権利」や「滞在権」というようなものが認められるべきと主張する人もいます。たしかに考えてみると、日本でも江戸時代などは隣の藩《はん》へ引っ越しをする自由がほとんど認められていませんでしたよね。国内であれば、今はそのような「移動の自由」がある。同じように、そもそも国境は本来開かれているべきものであって、国境を閉じるためにはその「正当な理由」を挙げるべきであるという考え方です。

前の節で移民に厳しい対応をとるようになった先進国の傾向についてお話ししましたが、それでも移民の流れは止めることができていません。移住したいという人がいて、移住先の側でもその人たちに働いてもらいたいというニーズがある。それなら、たしかに国境をあらかじめ閉じる「正当な理由」があるとは、ちょっと考えにくい。治安が悪くなるとか、文化が壊れるとかいった話には本当に信憑性《しんぴょうせい》があるのでしょうか？　それが、しっかりと問われなければならないでしょう。

――不利な立場に置かれた人を、どうやって、どこまで支援すべきかって悩むよね。

平等を考えるとき、「運」と「選択」の関係に注目する人もいます。つまり、個人ではどうしようもない不運によってもたらされた不利益については、政府が補償すべき。でも、それが個人の選択した結果なのであれば、公的な補償をすべきではない。こういう考え方は、「運の平等主義」と呼ばれます。

――うーん、なんだか「自己責任」って考え方に近い感じがする。

「運の平等主義」はちょっと聞くとそれなりに正しい感じもしますが、いくつか問題もあります。そもそも、運と選択はきれいに分けることができないことが多い。たとえば、山へ登ることにしたのは選択だけど、そこで落雷《らくらい》があったのは運かもしれない。仮にそんな時期に山へ登るという選択がまちがっていたと考えるにしても、落雷を受けて滑落《かつらく》した登山者を放置するのは過酷すぎるでしょう。

「運の平等主義」で考えると、日本で生まれた障がい者の不利は補償すべきだけれど、外国人には選択肢さえ用意されていればよいということになるのかもしれません。しかし、外国人にとって日本で暮らすという選択は、必ずしも自発的なものばかりではありません。たとえば親が何らかの理由によって日本へやってきて、日本で生まれたという子どもたちにとって、国籍は必ずしも自分で選んだものではないのです。

これに対してロールズらは、個人の選択が行われる環境に注目します。そこに過大な不平等があれば、個人の選択に対して責任を問うのはおかしなことになります。まともな選択ができてはじめて、その選択に対する責任を問うことができるようになる。

――障がい者にしても、外国人にしても、本当は助けが必要な人たちに対する風当たりがけっこう強いよね。なぜ、そうなっちゃうのかな?

社会のなかで困っている少数者が逆に攻撃《こうげき》されるということは、よくありますね。何か特別な保護を必要としているわけではないけれど、生活が大変だという人はたくさんいます。たとえば、働いてはいるけれど収入が少なく、先ほど説明したセーフティネットにはぎりぎりかからないという、「ワーキングプア」などと呼ばれる人たちもいる。

不平等な社会では、階層構造のなかで頂点からさまざまな抑圧的な力が下へ下へと向か

「運の平等主義」の問題点

個人の選択した結果による
不利益は補償すべきではない
自分で選びたくて
選んだわけじゃないのに…

っていきます。これは「抑圧移譲《いじょう》」とも呼ばれる現象ですが、一番下のほうでは、その力が横へと向かわざるをえない。つまり、困っている人たち、貧しい人たち同士で傷つけ合ったりする。

これは権力者にとっても都合がよいので、政治的にも利用されることがあります。たとえばアメリカでは、「ウェルフェア・クイーン（福祉の女王）」という言葉が選挙で使われたことがあります。福祉の制度に依存して暮らすシングル（マザー）の女性を指します。こうした言葉を用いて、国の制度に守られて不当に利益を得ているズルいやつがいる、というネガティブな感情を刺激《しげき》するのです。自分たちはこんなに苦労しているのに、誰も助けてくれない。なのに、あいつらだけなぜ？　というような気持ちです。

――本当にそういう人がいるわけではないの？

日本の生活保護制度についても、似たような議論があります。実際に不正受給がまったくないとは言えませんが、割合としてはひじょうに少ない。私はむしろ、こういう不満を抱えた人たちが、雇用や社会保障の制度のはざまに落ち込んで、光を当てられていないことが問題だと思っています。

――あ、「光を当てる」っていう言い方、さっきも出てきたよね！

政治的な不平等で問題なのは、たしかにお金だけの問題じゃないんですね。自分が誰からも気にかけてもらえずに見棄《みす》てられている、と感じたときに人は大きな絶望を感じる。アメリカ合衆国第2代大統領のジョン・アダムズは、こうした状態を「暗闇《くらやみ》（ダークネス）」とか「暗がり（オブスキュリティ）」と呼びました。

「彼はただ気づかれないのである。……完全に無視され、しかもそのことに自分も気づいているということは耐《た》え切れないことである」　（ハンナ・アレント『革命について』）

人間にとって大切なのは自尊心であり、自分が他者との関係のなかでしっかりと存在しているという感覚がなくては、生きていけないのではないかと思います。だから、どんな人にも「光を当てる」ということが、政治が果たすべき重要な役割のひとつなのです。

3 日本とほかの国との関係って平等なの？

――話がもとに戻っちゃうけど、そもそも、なぜこんなに大きな格差があるのかな？

よく考えると、少し不思議ですよね。

前の節で、給料やそこから引かれる税金の額について、いろいろな話をしました。けれども、いくら給料の額がちがうといっても、100倍とか1000倍といった差はめずらしい。たくさん稼げば税金もとられるし、よい家に住み、よい暮らしをしようとすれば、それだけお金もかかるでしょう。

あなたが将来すごくよい職について、1年でざっと数千万円稼げるようになったとしましょう。40年間働いたとして、そのあいだに税金を払い、家や車を買い、子どもを育てるといった生活を送ったら、どのくらいの貯金が残るでしょうか？
ところが世の中には、数千億円もっているというような富豪が少なからずいる。

――年100億円の給料をもらっている、とかではないの？

断言はできませんが、さすがにそこまでの人はいないのでは。日本では報酬年1億円以上の人で500人台です。

お金のことを考えるとき、どうしても表面的な流れだけで捉えがちです。いくら給料をもらって、いくら消費し、いくら税金を払うか。そういうお金の流れを、フローと呼びます。

フローというのは、お風呂《ふろ》で蛇口《じゃぐち》をひねって出すお湯の流れのようなもの。どんどんお湯を入れていくと、やがて浴槽《よくそう》には200リットル程度のお湯が溜まる。この溜まったお湯のことは、ストックと呼びます。逆に、栓《せん》を抜いてお湯を捨てるときの流れは？　こちらも、やはりフローです。

浴槽にお湯を溜めるためにはたくさんのお湯を入れる必要がある。そして、お湯はなるべく捨てない。これが常識でしょう。でもお金の場合、ストックしているだけで増えることが少なくないのです。だから、ストックのほうに注目する必要がある。

貯めたお金が増えるってことは、利子とか、そういうもののこと？

それもなくはありませんが、もっと大きいのはストックそのものの値上がりでしょう。バブル経済のころはたくさん土地をもっている人が、土地の値上がりで大金持ちになることが多かった。今は、株式をもっている人が、その値上がりでお金持ちになることが多い。

株式ってそもそも何なの？

簡単にいうと、会社のオーナーであることを示すために発行された権利書のようなものです。私たちがテレビや雑誌でも名前を目にするような有名な資産家の多くは、自分で起業して会社をつくった人たちです。彼らは自分が社長になってたくさんの給料をもらうというより、会社の所有権を株式という形でもち、やがてその値上がりによって大きな利益を得た人たちなのです。それ以外にも、自分は会社を経営しないけれど、株式の値上がりや値下がりを利用して巨額《きょがく》の利益を得る人もいます。

――それって何か問題があるの？

それ自体はまったく合法的だし、むしろ新しい会社をつくることは社会に役立つこともあります。けれども株式に対する課税が弱かったり、株式を取引する市場にたくさんのお金が集まるような仕組みや制度があったりして、よく見るとそこには巨大《きょだい》な不平等を生むようなゆがみも存在している。

――経済の仕組みって、すごくシビアだけど、みんなに平等にできているような気がしていたんだけど……。

経済活動には一定のルールがあって、それを守ることが大切にされていますよね。特に最近は、企業が法令や規則をしっかりと守るという意味で「コンプライアンス」という言葉がよく使われたりします。ただ、そこにはいくつかの問題があって、ひとつはルール自体が必ずしも平等ではないということです。

ここでは、国の外にも少し視野を広げてみましょう。世界には、貧しい国もあれば豊かな国もありますが、互いに同じルールのもとで貿易をすべきですよね。では、その貿易のルールをつくっているWTO（世界貿易機関）のような国際機関で力をもっているのは、誰でしょうか？　それは、アメリカ合衆国やEU、日本などの先進国です。つまり、途上国の人たちは、一部のお金持ちの国がつくった貿易のルールに従って商売をしなければならないということです。

――そうすると、具体的にどんなことが起きるの？

たとえば貿易を推進することで、時には国内の弱い産業が打撃《だげき》を受けることがあります。日本なら、輸入される肉には高い関税をかけるといった形で自国の牧畜を守ろうとしてきた。こういう関税のルールを話し合う時にも、途上国は弱い立場に立たされることが多いのです。

発明やデザインなどの知的財産を守るTRIPs（貿易関連知的財産権協定）も、こうした国々に大きな影響を与えました。1990年代にHIVウイルスが世界中で流行しましたが、このウイルスに感染して発症《はっしょう》するエイズの治療薬《ちりょうやく》が、この協定によってサハラ以南のアフリカで十分に供給されずに問題となったこともあります。結果として、先進国の

先進国がつくった経済活動のルールによって
貧しい途上国の産業が打撃を受けることも

製薬会社の利益を守るために、貧しい国で病気に苦しむ人の命が犠牲になりました。同じようなことは、最近の新型コロナウイルス感染症のワクチンでも問題となっています。巨額な開発費用をかけてワクチン開発を成し遂《な》《と》げた大手製薬会社は、特許をとり、それによってなるべく大きな利益を上げようと高い値段をつけます。けれども、ワクチンを十分に買うことのできない貧しい国々はどうしたらよいのでしょうか？　一時的に特許《とっきょ》を放棄《ほうき》すべきという意見も検討されていますが、もちろん製薬業界からの反発はすごく大きい。

――お金持ちがルールをつくると、自分に都合のよいルールになってしまうんだね。

国際ルールだけでなく、国内の法律や規則であっても、そういう傾向がどうしてもあると思います。

そして、いくら形式上は平等なルールのもとで経済活動をしていても深刻な格差が生まれる、もうひとつの大きな要因としては、やはり累積《るいせき》効果が大きい。

――累積効果？　どういうこと？

一回の出来事は大きくないけれども、それが積み重なることで大きくなるというような意味です。平等なルールのもとで競争が行われ、小さな不平等がつくられる。その不平等が繰り返されていくと、次第に大きな不平等に育っていく。

イギリスの詩人、パーシー・ビッシュ・シェリーの言葉に「金持ちはより金持ちに、貧乏はより貧乏に（The rich get richer and the poor get poorer）」というものがあります。

――入学試験が平等のように見えてもお金持ちの子どもが有利だし、だから貧しい家の子どもを早くから支援すべきだという話と同じだね。

だいぶ、話のポイントが見えてきましたね。国際的に見ても、貧しい国にはそもそも教育の機会が少なかったり、利用できる資産や知識が少ない。一方で日本のような先進国であれば、長い歴史のなかで積み上げてきたさまざまな資産がある。それは、技術や知識のように目に見えないものから、学校や会社のような組織や制度、道路や港などのインフラ、工場や機械のような目に見えるものまで、あらゆる面に及びます。

――確かにそうだなとは思うんだけど、行ったことのない途上国のことまで考える

のは大変だなあ。

それは、よくわかります。かつてのように、先進国が直接的に植民地を支配して、そこに暮らす人々から資源を収奪《しゅうだつ》するようなことはなくなりました。私たちは今もさまざまな経済活動を通して、世界中の貧しい国の人々とつながっていますが、その人たちを直接傷つけたりするような「悪いこと」はしてはいけない、と認識しているはずです。

でも、そうした経済活動の連鎖《れんさ》のなかには、よく見ると私たちが同じ人間として許せないと感じるような行為がふくまれることがあります。たとえば１９９０年代に話題となった、ナイキ社の製品をつくるインドネシアやベトナムといった国々の工場。ここで行われていた低賃金労働、劣悪な環境での長時間労働、児童労働、強制労働は、人々を怒らせました。「スウェットショップ（苦汗《くかん》工場）」とも呼ばれるような工場でつくられたスニーカーを買ってはくことが、多くの人にとっては正しいこととは思えなかったのです。

不平等な制度や国際的な分業のシステムを通じ、私たちは貧困を再生産し、不平等を拡大していることがある。間接的な形であれ、私たちは貧しい国の人たちの生活を傷つけている可能性があります。

——でも、貧しい国が必ず不幸とも言えないんじゃない？

貧困と不平等は切り離《はな》すことができませんが、ふたつを分けて考えたほうがよい場合も多いでしょうね。

そもそも貧困には2種類あって、ひとつは生きていくために必要な資源、つまり食べ物や住む家もないほどの絶対的貧困です。もうひとつの貧困は、ひとつの社会のなかで比較《ひかく》の問題として、一般的とされる生活水準を維持できないような相対的貧困と呼ばれるもの。日本では相対的貧困に陥っている人も、世界的にはかなり裕福だと言えるかもしれません。いずれにせよ「貧困」というとき、ある一定の線を下回らないことが重要になります。だとすると、貧困の状態にある人はいないかもしれないけど、大きな格差や不平等がなおも存在するということもある。だから、ふたつの問題は少しだけちがうのです。

世界のなかには大きな経済的な格差があるけれども、それだけですべてを語ることはできない。それは、あなたの指摘するとおりだと思います。国の経済力を示す数値として、「国内総生産（ＧＤＰ）」がよく用いられます。これは一定期間内に国内で新たに生み出されたモノやサービスの付加価値のことで、内閣府の資料によると、２０１９年時点で日本の名目ＧＤＰは５６１兆円で、これはアメリカ、中国に次ぐ世界第3位の経済規模となっています。しかし、人々の暮らしの豊かさをＧＤＰのような経済指標でくらべることはできないと考える人は多い。国連開発計画の「人間開発指数（ＨＤＩ）」は、こうした視点からつくられた国際比較のための指数です。

私たち人間が自らの意思に基づいて自分の人生の選択と機会の幅を広げていくためには、「健康で長生きすること」「知的欲求が満たされること」「一定水準の生活に必要な経済手段が確保できること」をはじめ、人間にとって不可欠な選択肢を増やしていくことが必要です。人間開発指数は所得のほかに平均余命や教育の普及度《ふきゅうど》、識字率《しきじりつ》（文字の理解や読み書きができる人の割合）を加えています。０と１の間の数値で表され、１に近いほど個人にとって選択の幅が広いことを示しています。

――それで、何がわかるの？

たとえばある国では女性の教育が進んでいて、男女平等が進んでいたりすると、それが幼児死亡率の低下につながる。そんなふうに平等な社会のメリットがはっきりとわかる。人生の豊かさや幸福といったものは数値化できないので限界はありますが、ただ国全体の経済活動を示すＧＤＰをくらべるよりはずっといい。２０１９年の人間開発指数ランキングを見ると、首位のノルウェーに続き、2位のアイルランドやスイスなど、上位にはヨーロッパ諸国が目立っていますね。日本はイスラエルなどと並んで世界第19位でした。ただ新型コロナウイルス感染症の流行の影響により、世界全体のHDIが1990年の統計開始以来、初めて低下すると推計されています。

この指数をつくる上でも大きな貢献をしたアマルティア・セン（1933〜）というインド出身の経済学者は、人々の暮らしをよくしていくためにはそれぞれが人生において選択することのできる可能性を大きくする必要があると考えました。つまり、どのくらい幸せを感じているかとか、何をどれだけもっているかとかよりも、「その人が何をすることができるか」という個人の「能力」（ケイパビリティ）が大切だということです。この考え方は、「ケイパビリティ・アプローチ」と呼ばれています。

「ケイパビリティ・アプローチ」の説明に入る前に、ひとつ質問をさせてください。さっき、貧しいからといって不幸とはかぎらないと指摘してくれましたよね。確かにそのとおりですが、それなら、ふたりの人間がいてどちらが幸せか、あるいは、ふたりの生活はどちらが恵まれているかを調べるための方法は何かありますか？

――それってすごく難しいよね。でも、あなたは今どのくらい幸せですか？ と本

「何をすることができるか」という個人の能力に注目した「ケイパビリティ・アプローチ」

HDIランク	国名	値
1	ノルウェー	0.957
2	アイルランド	0.955
2	スイス	0.955
4	香港(SAR)	0.949
4	アイスランド	0.949
6	ドイツ	0.947
7	スウェーデン	0.945
8	オーストラリア	0.944
8	オランダ	0.944
10	デンマーク	0.940
11	フィンランド	0.938
11	シンガポール	0.938
13	英国	0.932
14	ベルギー	0.931
14	ニュージーランド	0.931
16	カナダ	0.929
17	米国	0.926
18	オーストリア	0.922
19	イスラエル	0.919
19	**日本**	**0.919**
19	リヒテンシュタイン	0.919
22	スロベニア	0.917
23	韓国	0.916
23	ルクセンブルク	0.916
25	スペイン	0.904
26	フランス	0.901
27	チェコ	0.900
28	マルタ	0.895
29	エストニア	0.892
29	イタリア	0.892

人間開発指数（HDI）上位 30 カ国（2019）

人に聞くのが一番かもしれない。それがうまくいかないから、お金でくらべるのかな？

そのとおりですね。これまで人々にとって暮らしのよさ（well-being）を評価するための基準は大きく分けて、そのふたつしかないと考えられてきました。ひとつは、主観的に自分の生活を評価する。つまり、あなたは今どのくらい満足していますか？ と質問するようなやり方です。わかりやすくはありますが、問題はあります。たとえば人間にとって自分の幸せというのは、周囲との比較もありますが、過去の自分と比較するところが大きい。

ふたりの兄弟がいて、兄は今日、交通事故に遭って片脚を失ってしまったとしましょう。今、兄は弟とくらべて不幸だと感じています。ところが、事故から1年後、2年後の兄弟に自分が幸せかどうか質問してみると、同じくらい幸せだと答えたり、答えが逆転していることもあるのです。たとえば兄は車いすに乗って外に出かけられるようになり、1年前よりもずっと状況がよくなっていて幸せを感じる。その幸せは本物で、まわりの人が「それでも、車いすは不自由でしょ？」と思ったとしても、大きなお世話です。

それなら、もっているお金や財産の量などでくらべればよいのでしょうか？ そのほうが客観的だからマシだと考える人は多い。でも、お金がたくさんあったとしても、自分の肌の色を絶えず気にかけざるをえないような住環境に暮らしているとすれば、その生活がいいものだとは言えないでしょう。それにいくら裕福でも汚染《おせん》された街の空気をまるごと取《と》り替《か》えるのはしょせん無理な話ですね。所有できるお金や財産はあくまでも望ましい生活のための手段であり、お金でいい暮らしが成り立つわけではありません。

第1章で、「適応的選好形成」という言葉が出てきましたね。たとえ劣悪な生活環境だとしても、長い期間を過ごすうちにその環境に慣れてしまい、自分の願望や欲求そのものが萎縮《いしゅく》してしまうことがあります。手の届かないものをずっと切望しつづけることはつらいからです。そうすると、ごくわずかな環境の改善にも、過大な喜びを感じてしまいがちです。一人ひとりの主観的な「幸福」や、単純にもっているお金や財産の量だけを基準にすることは、こうした危険性もはらんでいます。

――じゃあ、「ケイパビリティ・アプローチ」は何をくらべるの?

「ケイパビリティ」という言葉は、日本語で「潜在《せんざい》能力」とか「可能力」とも訳されています。さきほどの兄弟にとって、たとえば「自転車がある」ということはそれぞれちがう意味をもちます。弟にとっては移動の自由を広げるし楽しいものでしょうが、兄にとっては何の役にも立ちません。同じように、ただお金があるというだけでは、生活のよさを測ることはできません。人々が自分で選びとり、自分に合った形で何を実現できるか。そういう、人間が可能性としてもっている能力をくらべようとするアプローチが、「ケイパビリティ・アプローチ」なのです。

――たとえば、好きなところへ行ける能力とか？

そのとおりです。それを実現するためにはお金や財産（この場合は自転車や車いす）だけではなく、安全に走れる道といったインフラも必要です。あるいは、治安のよさといった社会的な状況もあります。危険な戦争やギャング団の抗争《こうそう》といった事態が起きていたら、外出それ自体が危険なものになってしまいます。新型コロナウイルス感染症の影響で、私たちも自由に移動できないということを少しですが経験しましたね。

どんなケイパビリティが当たり前のもので、どんなケイパビリティが大切かというのは、国や地域によってもちがいます。最近の日本なら、パソコンやスマホを使ってネットワークに接続して情報を得るといったことも大切で、なくてはならない能力のひとつになってきています。また都会であれば自動車がなくても病院へ行ったり、買い物ができたりするかもしれませんが、田舎へ行けば車なしにそれを実現することはできないかもしれません。

――友だちの通っていた学校は統合されて、通学が大変になったって聞いた。学校が近くにあるかとか、けっこう大きいよね。

誰もが初等教育が受けられるか、医療や介護が受けられるか、買い物ができるか。そういう基本的なケイパビリティがとりわけ重要です。そのほか、もっと受動的なケイパビリティもあります。戦争の危険にさらされずに暮らすことができるか。マラリアのような感染症に脅かされずに暮らせるか。放射線の脅《きょう》威《い》にさらされずに暮らせるか……。こういうケイパビリティは、自分の力やお金の力でどうにかなるものではなく、社会の環境という側面のほうが強い。

――それなら、さっきの兄弟の幸せもある程度はくらべられそう。どちらも行きたいところに行けるけど、兄のほうがちょっと大変とか……。

もっているものがちがってもいいけれど、同じような基本的ケイパビリティが実現できているか？　という視点はとても大切です。

ただ、その人が抱える問題や背景となる事情は人の数だけ存在しますから、たしかに大変ですよね。実際、「ケイパビリティ・アプローチ」への批判でもっとも大きいのは、そのところです。一人ひとりが何ができて、何ができない状態にあるかを真面目に調べようとすると、情報収集のコストがかかりすぎる。だから、お金や財産で大ざっぱにくらべればよいのではないかと言われたりする。

でも、たとえ難しくても、基本的な方向性はまちがっていないと思います。平等というものを考えるとき、いつも「何の平等か？」が大切な問いかけとなります。みんなが同じくらい幸せを感じていればよいのか？　それとも同じ金額の給料を稼ぐなど、お金や財産が平等になることが重要なのか？　どれだけのことを実現できるのか、どういう状態で暮らせるのかという「ケイパビリティ・アプローチ」をうまく使うと、こうした問題に対してよりはっきりと答えることができるのです。


——大切なケイパビリティを損なうような不平等があったとき、それを変えるのはやっぱり法律なのかな？

平等を実現するうえで条約の果たす役割は大きい

平等を実現するためにつくられた法律は、たくさんありますね。先ほど話題に出た移動に関連するものでいうと、２０００年ごろから日本でも、駅などの公共施設《しせつ》で階段や段差をなくしたりエレベーターの設置を義務づけるといったバリアフリーを推進するための法律が、つぎつぎとつくられました。こうした流れは、公園をはじめ、図書館や美術館、劇場といったさまざまな公共建築にも広がっています。それによって車いすにのった高齢者や障がい者がもつ「移動できる能力」が、大きく高まったことはまちがいありません。

男女の平等についても、有名な法律があります。１９８５年に制定された「男女《だんじょ》雇用《こよう》機《き》会均等法《かいきんとうほう》」は、仕事場における男女差別を禁止した法律です。１９９９年には、より広く男女が対等な立場で社会に参加できるようにすることを定めた「男女共同参画《だんじょきょうどうさんかく》社会基本《しゃかいきほん》法《ほう》」が定められました。もちろん法律ができれば、すぐに不平等がなくなるというわけではありませんが、こうした法律が現実に与える影響は小さくないと思います。

そして、もっと広く世界に目を向けてみると、さまざまな不平等を正すうえで、じつは条約というものの存在が大きな役割を果たしていることに気づきます。

――条約っていうのは、国と国のあいだで結ぶ約束みたいなものだよね。

「女性差別撤廃条約《じょせいさべつてっぱいじょうやく》」や「子どもの権利条約《けんりじょうやく》」といった条約が有名ですよね。ほかにも、「〇〇議定書」「〇〇協定」「〇〇憲章」といった呼び名をもつものもあります。複数の国がひとつの文書にサインする、取り決めや約束といえるでしょう。

こうした条約は、国連などの機関が中心となって各国に働きかけ、まとめることが多い。そして、一度その国が条約を受け入れる（条約を「批准《ひじゅん》する」と言います）と、条約に違反するような国内の法律は改正しなければなりません。

たとえば1981年に日本は「難民条約」に加入しました。それによって在日《ざいにち》コリアンなど日本国籍をもたない定住外国人に認められていなかった国民年金への加入が認められるようになったり、就職試験などで外国籍の人を差別することが禁止されるようになったりといった、大きな変化が起きました。

ほかにも、2007年に国連で採択《さいたく》された「先住民族の権利に関する国際連合宣言」は、「アイヌの人々の誇りが尊重される社会を実現するための施策《しさく》の推進に関する法律」（2019年）の制定へとつながりました。アイヌはそれまで正式に「先住民族」であることが認められていませんでしたが、この法律によって、ようやくそれが実現したのです。

国内で解決されずに残っていた大きな不平等が、条約という一種の「外圧《がいあつ》」によって解消されるということは、少なくありません。もしかしたら政府の本音は、そんな条約には入りたくなかったのかもしれません。多くの国は、こういう不平等をなくしていくような条約を、しぶしぶ認めているという側面があるのです。

――条約ってすごいね。でも「しぶしぶ」なら、なぜ国と国は条約なんてものを結ぶの？

ちょっと不思議な感じがしますよね。でも、何が正しくて、何が正しくないかという基準を共有しなければ国際社会でいっしょにやっていくのは困難だからです。

たとえば、別々の国に本社のあるふたつの会社が手を組んで、新しい会社をつくるとしましょう。こちらの国では男女平等が大切とされているのに、あちらの国では女性の従業員に対する差別が当たり前だとしたら、いっしょに仕事をするのは難しい。あるいは、ある国でつくった服を買おうと思ったけど、その国の工場では少数民族を奴隷のようなひどい扱いで働かせている……。自分の国で明らかに不正だと思っていることを別の国でなら正しいと思うことはできないですね。

だから、「理由の力」によって相手をじわじわと説得してして、正‐不正についての見方を共有できるようにしていく。今まである不正が当たり前だと思っていた国は、それを正当化できず、しぶしぶ条約を認めざるをえない。環境問題などでも、最初は強く反対していたアメリカや日本、中国のような大国が説得されて、最後は「理由の力」にはあらがうことができず、CO_2削減を表明せざるをえなくなってきていますね。

第1章では、平等をめぐる思想の歴史に触れました。こういう「何が正しいか」という話し合いにおいては、数の力やお金の力だけが物を言うわけではありません。奴隷は許されないといった感覚と同じように、男女の不平等や移民への差別的な待遇は許されないという正義や不正義の感覚が、少数のものから多数のものへと広がっていく。国と国が条約を結び、それが国内に残る不平等を変えていくというプロセスには、そのことがよく表れていると思います。

たとえば、日本政府はまだ「移住労働者権利条約」に入っていません。この条約は、すべての移住労働者とその家族の権利を保護する国際条約です。移住労働者がその国の労働者と同じ報酬を受け取り、社会福祉や医療サービスを受けたり、労働組合に加入する権利を保障するもので、移住労働者の子どもの国籍の登録や教育を受ける権利などもふくまれています。この条約は２００３年に発効しましたが、国連加盟国の中で批准している国はまだ少なく、いずれも移民を多く受け入れている国ではありません。

どんな条約のどんな条項《じょうこう》を認めていないかを調べることは、その国がどんな「正しさ」を重視していないかを知る上でも、とても参考になるでしょう。

第3章

未来に希望をもつために、平等を考える

① モヤモヤした気持ちは、どうしたらいいの？

――変な校則とか、先生や友だちのおかしな発言とか、なんとなく「これって平等？」と感じることはある。でも、モヤモヤするだけで終わっちゃうことが多い。

それは、大人でもよくある、普通のことだと思います。でも、そういう「なんとなく、おかしい」という感覚は、とても大切だと思います。

それにしてもなぜ、モヤモヤするだけで終わってしまうのでしょうか？　たぶん、ひとつにはそれを言葉に出して誰かに言ったら、よい反応がかえってこないのではないかと不安に感じるからかもしれませんね。むしろ、「おかしい」と声を上げることで目をつけられたり、悪く思われたり、いじめられたりするかもしれない。だから違和感があってもそのまま放っておいてしまい、問題視したり、変えたりすることをあきらめてしまう。

自分が「おかしい」と思うような状況も、慣れてしまえば当たり前のことになってしまいます。ここまでで何度か出てきましたが、目の前にある実行可能な選択肢だけに合わせて、最初から自分の期待や目標を狭めてしまうことは、「適応的選好形成」と呼ばれています。貧しいから、あるいは女性だからという理由で、はじめから職業選択の幅を狭めてしまったりすることがあるのです。

――たしかに、友だちに話しても、あまりよい反応はかえってこないかもしれない。「気にしすぎだよ」って笑われるかもと思って、なかなか言い出せなかったりする。

もしかしたら、お互いにそう思って遠慮《えんりょ》し合っているのかもしれませんね。でも、あなたが何か見聞きしたことで不正かもしれないとうすうす感づいているのに、見て見ぬふりをしてしまったら、どうでしょうか？

――うーん、考えたくないけど、やっぱり不正義を応援してしまうことになるのかなあ……。

そうですね。そういう「しないこと」で不正義に手を貸してしまうことを、ジュディス・シュクラー（1928〜1992）というアメリカの政治学者は、「受動的《じゅどうてき》な不正義」と呼んでいます。

——受動的な不正義？　どういうこと？

自分は能動的《のうどうてき》には何も不正をはたらいていないけど、結果として正しくないことに手を貸しているという意味です。

誰かの不正義の感覚や不満と真剣《しんけん》に向き合うのは、そもそもエネルギーを要することです。それを自分も共有しているなら、「その感じ、よくわかるなあ」で済みますが、自分とはまったくちがう立場にいる人の言い分を聞き、その不正義の感覚を理解したり、想像したりするのは大変なことです。

——たしかに、ほかの人の立場に立って考えるって難しいよね。

だから多くの人は問題から目をそむけ、聞こえないふりをしてしまうのかもしれません。

あるいは、政府が悪いとか、隣の国が悪いとか、移民が悪いとか、どこかに悪いものを局在化《きょくざいか》して、自分とは関係のないものとしてとらえたほうが楽なのでしょう。結果として、そのつもりはなくても、ほかの人に対しても黙《だま》らせようとしていることにもなってしまう。

これは、一種の政治的無力感《むりょくかん》とも言えるでしょうね。でも、そんなふうに大げさに考えだしたら何もできません。だから、ほんの小さなことについて、ちょっと表現することから、はじめてみることが大切です。あなたが校則や誰かの発言に感じた、「なんとなく、おかしい」というモヤモヤはそういう意味で、すごく大事です。シュクラーは、そういう不正義感覚を表明することが、これまで問題視されてこなかった制度や規範を変えていくチャンスなのだと述べています。

――でも、「なんか変じゃない？」とただ言うだけじゃ、何も変わらないと思うけど……。

もちろん、すぐに何かが変わるということはありません、でも、そういう発言はあなたの仲間うちやコミュニティのなかでたくわえられていく。そのことで、つぎに誰かが「やっぱりおかしくない?」と思ったときに、少しは口に出しやすくなるかもしれない。そうやって不正義の感覚が表現され、言葉になることで、私たちの社会は少しずつ変わっていくという側面があります。

同じようなことは、住民運動や社会運動の場合にも言えます。何かひとつの計画や法案に反対して運動を起こしたけれど、残念ながら阻止することはできなかったということは多い。でも、積み重ねた議論のなかで出されたさまざまな意見や考え方は、そのまま消えてなくなるわけではありません。短いスパンで見るとそれは運動の失敗かもしれませんが、長い目で見ると、それも大きな変化のなかのひとつの節目かもしれません。

不平不満などというと軽んじられがちですが、「ズルい」とか「不公平だ」とか「おかしい」と自分で思ったことを、まわりの人に言うことは大切です。家庭のなかでいえば、「兄弟なのに扱いがちがうのはなぜ?」とか、「お父さんとお母さんの働き方がちがうけど、どうしてなの?」といったことでもよいのです。まだ不正義なのかどうかも、はっきりしない、なんとなくおかしい、モヤモヤする。そういう段階の言葉ですよね。そこから、大きな制度とか慣行の話につながってくることは、じつはすごく多い。

――そっか。思い切って言ってみよう。

不正義の感覚を表現することで 少しずつ社会は変わっていく

モヤモヤとした違和感からはじまった問いは、やがて「なぜ、それはOKなのか」「どうしてみんなは受け入れているのか」という問いを導いていきます。そして、そういう問いかけに対して答えられないものは、いつかは根拠のないものと考えられるようになっていく。議論というのは、そうやって「理由を問う」ことを積み重ねていくものです。

たとえば目の前に、生徒を傷つけるようなことを平気で言う教師がいると考えてみてください。昔だったら、「あの先生、少し怖《こわ》いよね」くらいで済んでしまったかもしれません。でも、今なら「あんなこと言う先生はキライだ」と言えるかもしれないし、「少し問題のある教師だね」だとか「あれは、ほとんどパワハラだよ！」などという表現もできるでしょう。こうしたことも、社会の中で「ハラスメント」というそれまではなかった言葉が共有されるようになったことで、できるようになってきた。

人の話に耳を傾《かたむ》けるのはエネルギーのいることだし、ほかの人が感じているモヤモヤ感を理解したり想像したりするのは実際に難しいかもしれませんが、それも少しずつ変わってくる。長い時間をかけて、「なんかイヤだ」「おかしい」という不正義の感覚が表明され、「なぜおかしいのか？」「なぜイヤなのか？」を表現するための言葉が積み重なってきたからこそ、今それができるのです。

――長い時間をかけて議論していかないといけないんだね。

いろいろな人が、「それはイヤだ」と言うだけでは、相手を説得することができませんよね。なぜ、それがダメなのかという理由を説明しなければ、話し合いにはならない。

逆に、何か不平等に思えるような制度があったとして、それを擁護《ようご》しようとする人たちの側にも、やっぱり何らかの理由があるはずです。「長い伝統のある文化を大切にすべきだから」「男と女は生物学的にちがうから」「そうしないと効率的でなくなってしまうから」「別の部分に、新たな不平等が生まれてしまうから」などなど。さまざまな理由とともに不平等を正当化する人は、たくさんいるはずです。

こうした理由をぶつけあうことで、少しずつみんなの意見をすりあわせたり、新しい価値観を練り上げたりしていく。そうした議論を経て、もはや正当化することができなくなった制度や習慣は、なくなっていくのだと思います。この本のなかでも、さまざまな人たちの名前を挙げて、そうした「理由づけ」を紹介してきましたよね。こうした考えは、平等についてこれまで膨大な数の人間が積み重ねてきた議論のなかの、ごく一部と言えるでしょう。

——だから、いろんな人の名前がたくさん出てきたんだね。話を聞く前は、平等ってもっと絶対的で、シンプルなものだと思っていたんだけど、意外と複雑。

そうかもしれません。さまざまな人がいて、さまざまな考え方があるから、平等というのはこういうものですと簡単に表現することはできませんね。一口に平等といっても、いろいろな側面がある。家庭や学校のような狭い場所であっても、国や国際社会のような広い場所であっても、それは同じです。

② どんなことができれば、人はよい暮らしをしているといえるの？

――でも、やっぱり何がどこまで平等ならいいんだろう？　と思っちゃう。

第2章で、「ケイパビリティ・アプローチ」について話しました。これは、主観的に幸福か不幸かを判断するのではなく、お金や財産のような目に見えるモノをどれだけもっているかでもなく、どのようなことができるか、どのような状態で暮らせるかによって人々の生活のよさを測ろうという考え方でした。

では、具体的にどんなことができれば、十分だと言えるのでしょうか？　その基準があれば、どんな平等が実現されていて、どんな不平等が残っているのかもわかるのではないでしょうか？

アメリカの哲学者であるマーサ・ヌスバウム（1947〜）も、そんなふうに考えた人のひとりです。アマルティア・センとともに「ケイパビリティ・アプローチ」を提唱した人ですが、人間にとって大切な「中心となるケイパビリティ」を、10種類のカテゴリーに分けて整理しました。

ヌスバウムのリストに私なりの説明を加えると、次のようになります。このリストを見ながら、いろんなことを考えてみてください。

1　生命
人間として生まれた命を全うし、生きるに値する生活をおくることができる。

2　身体の健康
衣食住が足りている。衛生的な環境で健康に暮らせる。病気やケガをしたとき治療を受けられる。

3　身体が自分のものであること
行きたい場所へ自由に移動できる。暴力や性的ないやがらせを受けない。自分の体については自分で決められる。

4　感覚・想像力・思考力

自分で考え、現にないことを想像し、それを表現できる。言いたいことを自由に言える。教育を受け、自ら学ぶ環境がある。

5　感情

誰かを愛することができる。心の平安を保つ一方、悲しみや怒《いか》りなどの感情も抱くことができる。

6　実践理性

何が正しく、何がまちがっているかについて判断したり、自分の生き方を変えることができる。

7　社会的な交わり

家族や仲間と対等につきあい、助け合うことができる。コミュニティや社会のなかで他人と対等につきあい、助け合うことができる。自尊心をもつ条件を奪われない。

8　ほかの種との共生
動物や植物といった自然と触れ合い、関係をもつことができる。

9　遊び
笑い、楽しむための活動ができる。

10　自分の環境に対するコントロール
政治に参加することができる。自分のモノを所有したり、集団のなかで役割を果たしたり、仕事をするといった人間らしい活動ができる。

――人間どうしの話だけじゃなくて、8の「ほかの種との共生」にある、動物と触れ合うとか、遊べるってことも大切だよね。この10種類のことができれば、人間の生活は十分に満たされているってこと?

逆に、あなたは、どう思いますか? 何かもっと足りないとか、こういう視点も欲しいということはありますか？

――うーん。何もせずに、ゆっくり休む時間が欲しい！

ああ、それはいいな。ちょっと2の「身体の健康」や9の「遊び」にも関係してきそうですが、ヌスバウムは真面目な働き者だから、もしかしたらそういう「何もしない」ことの大切さがよくわかっていないかもしれませんね。

ほかにも、たとえば「他人を助けたり、もてなすことができる」とか、「自分にとって居心地のよい言葉（方言や母語、手話など）で話すことができる」などといったいくつもの活動が、ここにふくまれていないことが指摘されています。ヌスバウムの示すリストに対しては、先進国のミドルクラスの白人女性の価値観が自覚されないまま反映されているのではないか、という批判的な意見もあります。でも、私たちの生活を振り返ってみるための材料やたたき台として面白いし、役に立つものだと思います。

このリストにはない、何か大切なケイパビリティがあるかもしれませんから、ぜひみなさんもじっくり考えてみてください。そして、自分の家庭ではこれらが実現できているか？　学校ではどうか？　といったことを、家族や友だちと話し合ってみるのも面白いかもしれません。

——友だちにも、塾に通うのが忙《いそが》しくて、9の「笑い、楽しむための活動」ができない子がいるかも。

そうですね。さきほど「ヤングケアラー」について話しましたが、家の手伝いや家族のケアが大変ということもある。そういう子たちだと、4の「教育を受け、自ら学ぶ環境」が十分ではない場合も多いでしょう。どんな活動を優先させ、どんな選択肢はあきらめるのか、それを自分で決められないのだとしたら、ケイパビリティが狭められてしまっていることになります。

——2の「身体の健康」は結構当たり前だと思っていたけど、新型コロナウイルスみたいな感染症が広がったりすると、そうとも言えなくなったよね。

人の健康は、食生活や運動などによって自分で獲得する部分もありますが、今回のパンデミックによって、それ以外の部分が大きいことが、あらためて浮《う》き彫《ぼ》りになりましたね。

「パブリック・ヘルス（公衆衛生《こうしゅうえいせい》）」が重要だということを再認識しました。予防医学や医療制度、住んでいる場所の環境だけではなく、人々がどう行動するのかという習慣や規範までが人々の健康にかかわることがわかりました。だから、一人の人間がいくらお金をもっていたり、健康に気を遣《つか》ったりしても、望む健康は十分に得られない場合があります。

3の「行きたい場所へ自由に移動できる」も、さまざまな安全が保証されていてはじめて可能なことだと気づかされました。9の「遊び」などとともに、新型コロナウイルスの感染ですごく制限されてしまった部分ですよね。

――コロナ禍《か》になって、はじめて不平等が見えてきたってことも、あるのかな？

あると思います。新型コロナウイルスの感染拡大で、平等と関連する多くの問題が明るみに出てきました。とりわけ医師や看護師、救急救命士、介護士や保育士をはじめとして、人々の命を守るのに不可欠な仕事に就いている人たち（エッセンシャルワーカー）が不当に扱われているのではないかという思いは、多くの人が共有した部分です。日々ハードな仕事をしている人たちに対して、この社会は十分に報いていないのではないか。

それから、ウイルスが広まるのを防ぐために人々の行動を制限したり、経済活動を禁止したりするときにも、さまざまな不平等が意識されました。誰がもっとも影響を受けて、誰が困っているのか、そうした多くの議論がありました。

あるいは病院のベッドや医療機器、薬、ワクチンといったものが不足したとき、誰をまず助けるべきなのか、も問われました。どれも切実な問題です。

――予約のキャンセルであまったワクチンを誰に接種する？　とか、けっこう話題になってたなあ。

そうですね。こういう非常時には、平等よりも効率を優先すべきではないのか、といったことも議論されました。

平等を大切にするということは、それだけ手間とコストがかかります。人々を平等な者として尊重するためには、結果だけではなく、プロセスも大切にしなければならないからです。学校の入学試験などを見ても、そうでしたよね。大学が望むような学生を合格させたいからといって、受験者を平等な者として扱う公正な選考というプロセスを歪めてもよいということにはならない。誰もが同じ条件で扱われるためには、しっかりとしたルールや手続き、順番が必要であり、それがないと受験生も納得しないでしょう。効率も、もちろん大切です。けれども、結果がよければいいじゃないかという考え方が強くなると、プロセスを軽視して大きな不平等が生まれてしまう原因になることが多いのです。

それに考えてみれば、人種差別や性差別などによって社会は大きなコストを払っていますよね。多くの人々から、その才能を活かすことができる機会を奪っているわけですから。不平等な社会は非効率な社会と言えそうです。

新型コロナウイルス感染症の流行は社会の格差や不平等を浮き彫りにした

世界的に見ても、新型コロナウイルス感染症の流行によって、大きな格差や不平等があらためて見えてきました。そもそもウイルスに感染して亡くなった人は低所得者が多かった。そこには、劣悪な住環境、テレワークなどに切り替えられない労働環境、あるいは感染症についての十分な知識を得ることができないといった事情があることも指摘されています。もちろん、医療機器やワクチン、薬などの分配においても不平等があった。

こういう出来事について、コロナ禍と呼ばれる危機が去ったら、人々は忘れてしまうかもしれません。それでも、多くの問題はそのまま残るでしょう。だからこそ、「なぜ?」という理由について、話し合いをやめないことが大切だと思います。

――感染したときのリスクがより高いのは高齢者だけど、若い人のほうが生活スタイルを変えなきゃいけないと言われていたよね。それってどうなんだろう?

世代間にある不平等というのは、とても大切な視点ですね。この場合、新型コロナウイルスの感染が広がったことによって、とくに高齢者にとっては2の「身体の健康」を守ることが難しくなったわけです。ほかの影響としては9の「遊び」をあきらめざるをえなかったり、3の「行きたい場所へ自由に移動できる」が制限されたり、4の「教育を受け、自ら学ぶ環境」が劣化《れっか》したりする。若い人ほど、むしろ健康以外のケイパビリティが小さくなってしまうことで、感染の広がりを大きな問題と感じられたかもしれません。

ただ、医療現場に負担がかかりすぎると困るのは、何も高齢者ばかりではありません。ケガをしたり、別の病気にかかっても適切な治療を受けられない可能性は、若い人たちにもある。「自分はリスクが低いから」といって多くの若者が行動した結果、高齢者や、新型コロナウイルスに感染すると重症化《じゅうしょうか》する可能性が高い病気をもつ人にまで感染を広げ、病床や医療機器などが足りない、という事態になると、本来なら救えたはずの命が救えなくなってしまいます。だから、同じ医療制度を共有する人たちは互いに協力し合って、支えていかなければならない。

とはいえ、こういう年齢のちがいによって生まれる立場のちがいや不平等は、これからも大きな問題としてクローズアップされてくると思います。少子化が進むことで、健康保険や年金などの社会保障の負担が生まれた年代によって大きくちがってくることはすでに広く知られています。なかでも気候変動のような環境問題は、その代表例と言えるでしょう。

――たくさんCO_2を排出《はいしゅつ》してきたのは今の大人たちで、困るのは子どもだからね。やっぱり若い人が声を上げることが大切なのかな。

世界的に見ても、グレタ・トゥーンベリさんのように、若い人たちのほうが熱心に環境問題と取り組んでいるように見えます。私たち大人にとっては耳の痛い話ですが、やはり今からでも真剣に考え、行動しなければならない。

そして日本では高齢者人口の比率が高いために、若い人たちの意見が反映されにくくなっているのも大きな問題です。選挙によって選ばれる政治家は歳をとった人が多いし、政策も高齢者の関心が高い課題が中心になりがちです。ただし、高齢者が憲法に書き込まれている重要な価値を守ろうと活動しているところにも目を向けてほしいな、と思います。高齢者がデモクラシーを歪めているわけではありません。

世代間の不平等にしても、男女の不平等にしても、お互いが対立している敵同士というわけではありません。高齢者だって「あとは野となれ山となれ」と考えているわけではないし、男性が今から男性優位の社会に押し戻そうとしてもしょせんそれは無理な話です。むしろ、私たちの間には、生まれた時代がちがったり、性がちがったりしても、気候変動のように取り組むべき共通の問題が現にあり、そういう問題が逆に私たちを結びつけている面も大きいはずです。

――ヌスバウムのリストの7の「社会的な交わり」には「家族や仲間と対等につきあい」という言葉があるけど、やっぱりお互いに対等であることが大事なのかな？

人と人は、さまざまな形でつながることができます。顔の見える具体的なつながりもあれば、社会保障の制度を通じた顔の見えないつながりもある。顔が見えなくても、困ったときに互いを支えあう関係がそういう制度を通じて維持されています。顔の見えるつながりについても、私たちはひとつではない、さまざまに異なった関係を結んでいますね。

最初のほうでも話しましたが、人間のつながりのなかには、上下関係とか権力関係とか呼んだほうがふさわしいような関係もあります。たとえば学校のなかでは、教師たちが生徒に対して課題を与えることが多い。与えられた課題をうまくやれば、ほめられるという、一方的な関係がありますね。同じように、親子の関係でもそういう部分はある。がんばって言われたことをやり、ほめられると嬉しいのは、誰にでもあるでしょう。でも、対等な関係というのは、それとはちょっとちがうのではないかと思います。

——うーん、たとえば友だち同士の関係とか？

ふつう友だちは、あなたに命令したり、一方的に課題を与えたりしませんよね。だから、あなたが友だちに対して何かをしたり、言ったりするとき、それは自分の意思でそうしていると言えるでしょう。何かを自分の意思でやったとき、それを友だちが認めてくれたり、面白がってくれたりする。これは、決められた課題をうまくやってほめられるのと、ちょっとちがいますよね。そういう反応がかえってくると、自分がそこにいるという実感が湧くし、自信にもつながる特別な感覚があると思います。

——うん。友だちに「それ、最高！」とか言われたときって、すごく嬉しいなあ。

自分が何か行動すると、誰かから反応がかえってくる。これは、人が生きていくための基本です。もちろん対等な関係は、うまくいくときばかりではありません。でもそれは自分を肯定し、自尊心をもって生きていく上で、なくてはならないものです。だから、先ほど触れた親子の関係においても、教師と生徒の関係においても、対等な人間同士の関係がベースにあるべきです。

もしかしたら将来、あなたが職業を選ぶときの参考にもなるかもしれませんが、自分の意思で働き方を決めたり、変えたりする余地のまったくない仕事というのは、なかなか厳しいのではないでしょうか。誰かが決めた仕事を、ひたすら決められたとおりにやり続けるわけですから。それに対して、まわりと話し合いながら、自分も工夫しながら働き、ときにはそれが誰かに認められるような仕事というのは、大変でもやりがいがあることが多い。

――そういう仕事って、あまり多くないイメージがあるけど……。

残念ながら、そのとおりかもしれませんね。そのこと自体が、とても大きな問題だと思います。前の章で、仕事に対する報酬のちがいについて少し話しました。けれども、ただお金をもらうだけではなく、仲間と対等な関係をもちながら自分の意思で何かを選んだり、工夫をこらしたり、努力したり。そういうことがもっと重視されるべきだと思います。何をやっても決められた範囲でしか評価されない、努力しても自分のキャリアには先がなく、展望が開かれないというのはとてもつらい。

今の社会は、人々の仕事のやり方を決めて高い収入を得る少数の人と、自分では働き方を選べないその他大勢へと二極化してしまっている。そういう意味でも、格差は広がっていると言えるでしょう。

――でも、そういう不平等ってなかなか、見えにくいね。

そうですね。ただ、じかにつながることだけが「連帯」ではありません。私たちは、一度も出会ったことがない人たちともつながっている。それは、「制度」や「仕組み」を通してつながっているのです。

たとえばお金を使ってものを売り買いすることで、私たちは経済という仕組みを支えています。同じように、税金を払ったり、健康保険に入ったりすることで、あるいは子どもが学校に通ったりすることで国の制度にも参加している。そのことで、多くの人と間接的につながっている。

「制度」や「仕組み」を通じて私たちはたくさんの人とつながっている

――目の前にいる誰かを助けることだけが、連帯じゃないんだ。

制度や仕組みを通じた、見えない「連帯」においても、関係はできるだけ平等なものであるべきです。なぜなら不平等な社会は、先ほどの不平等な職場と同じく人々を不幸せにします。実際、ジニ係数の高い不平等な社会では、元気に生きられるいわゆる「健康寿命」も短いことを示すデータもあります。

また、経済的な格差があまりに広がっていくと、「あいつらと同じ制度を支えるのはイヤだ」といった形で社会に亀裂《きれつ》が走り、分断が生まれてしまう。すでにアメリカでは、富裕層に限らず多くの人が周囲から隔《へだ》てられた街に閉じこもっている、という話をしましたよね。そこから排除された側の人たちは、社会に敵対しないとしても、社会に背を向けるでしょう。

あまりにも大きな不平等があると、人々の連帯そのものまで壊れてしまい、社会を支えるための制度を維持することができなくなってしまうおそれもあるのです。

3 社会を変えるために、一人ひとりにできることは？

――社会を少しでも変えるためには、どうしたらいいのかな？

やはり何かおかしいと思ったら、おかしいと言うこと。そしてできれば、なぜおかしいと思うのか、やっぱり誰かと議論しながら、その理由を発見していくことが基本でしょう。

――インターネットだと、そういう議論もけっこう見かけるけど……。

たしかに、インターネット上のＳＮＳ（ソーシャル・ネットワーキング・サービス）によって多くの問題に光が当たり、見えるようになってきましたね。セクハラや性的暴行の被害者たちが「#MeToo（私も）」というキャッチフレーズによって連帯したり、第１章でも紹介した「ブラック・ライブズ・マター」という言葉がこれほど広まった背景にも、SNSを通じて声を上げた人たちの力があります。SNSはこんなふうに、ひどい目にあっていた人たちが声を上げて相手を告発したり、これまで知られなかった事実を明らかにするとき、その力を発揮します。

でも、どうでしょう? 何かがおかしいと感じ、じっくりとその理由を探っていくような議論や対話にSNSが向いているかというと、そこには限界があるかもしれませんね。

——なんとなく、口げんかみたいな議論も多いイメージもあるよね。匿名《とくめい》で、相手の顔が見えなかったりすると、ついキツい言葉を使ってしまったり。

SNSでは、ひとたび集団のなかで自分の「居場所」ができてしまうと、自分を支持してくれる集団に向けて自分たちの「正義」を語るような言葉ばかりになってしまう。そういう傾向が強い気がします。

ひとりの人間のなかにも多面的で複雑な要素があります。そして、さまざまな経験や出会いを通して、少しずつ意見や考え方も変わっていくものです。今はいろいろな情報がインターネット上にあふれています。だからこそ、なるべく現場を見ること。そして、でき

さまざまな経験や出会いを通して少しずつ意見や考え方は変わっていく

ることなら、じかに誰かと会って話を聞くことが大切だと思います。

――現場って、たとえばどんなところ？

たとえば、学校でも歴史の授業などで習ったかもしれませんが、各地で起きた公害事件の現場があります。足尾銅山鉱毒事件《あしおどうざんこうどく》で知られる栃木県足尾町（現日光市）や佐野市とか、水俣病《みなまたびょう》が有名になった熊本県の水俣市とか……。実際にこういう現場を見ると、教科書や本で読むのとはちがう何かを感じることが多くて、私もゼミの学生たちといっしょに訪ねることがあります。資料館などを見学するだけではなく、現地の人に話を聞く機会があれば、もっといいですね。さらに、鉱毒のため無理やり廃村《はいそん》とされた谷中村《やなかむら》のために国を相手取って闘《たたか》った田中正造《たなかしょうぞう》（１８４１～１９１３）の本を読んだりすれば、素晴らしい。

ほかにも、国の公共事業などをめぐって、住民訴訟《そしょう》や住民投票が行われた場所がたくさんあります。長崎県の諫早湾干拓《いさはやわんかんたく》事業をめぐって争われた裁判や、東京都小平《こだいら》市で道路工事をめぐって行われた住民投票などは、そのほんの一例です。もっとわかりやすいところでいえば、沖縄県に行くと今も広大なアメリカ軍の基地があり、名護市辺野古《なごしへのこ》では新基地建設のための埋め立て工事が進んでいます。議論の分かれているこういう場所で話を聞くと、すごく勉強になるはずです。沖縄が第二次世界大戦のとき戦場となり、アメリカ軍とのあいだで激しい戦闘《せんとう》が行われたことは、歴史の授業でも習いますよね。こうした戦争の記憶をとどめた場所もたくさんあります。

――うわあ、沖縄に行ってみたいなあ。

行きたいですね！　今の沖縄が抱えている問題は、アメリカ軍の基地だけではありません。本土とのあいだには大きな経済的な格差があり、背景には戦前から続く沖縄の人たちへの差別もあるのです。神奈川県横浜《よこはま》市から川崎《かわさき》市にかけて、戦前に沖縄から移住した人たちが今も多く暮らす地域があります。この人たちは、貧しい島を出て京浜《けいひん》工業地帯の工場で働くために海を渡ってきました。ほかに、似たような特徴をもつ街として、やはり戦前に移住してきた在日コリアンの子孫が今も多く暮らしている大阪市の地域もあります。

――ただ、修学旅行でもないと行けないかなあ。もっと身近なところにもあるかな？

もちろん、たくさんあると思います。

たとえば、江戸時代くらいまでは「穢多《えた》」「非人《ひにん》」と呼ばれ、長いあいだ身分、職業、住む場所を固定され差別に苦しんできた人たちの子孫のなかには、今も差別と闘っていたり、その歴史を語り継いでいる人たちがたくさんいます。あなたの住んでいる地域にも、そういう人がきっといるはずです。案内してくれるところもあります。被差別からの解放を訴えた「全国水平社宣言《すいへいしゃ》」が紹介されている教科書もあるかもしれません。

他にも、あなたは車いすの友だちができたって言っていましたね。そういう友だちの介助を手伝っているボランティア団体を訪ねて話を聞いてみるのも、よいかもしれません。どんなことに苦労しているのか。なぜ、そのような活動をすることになったのか。実際の声を聞いてみるとやはり理解の仕方がちがってきます。もしかしたら、介助のやり方を教えてもらえるような講座もあるかもしれませんよ。

――それ、よさそう！　こんど調べてみる。

知らないところへひとりで行ったりするのは心細いし勇気がいるから、興味がありそうな友だちを誘《さそ》ってみるのもよいでしょうね。そして、何か疑問が出てきたら、こんどはそのテーマについて書かれた本を読んでみる。そうやって経験と知識を往復することは、意外に楽しいものです。

――もうひとつ聞きたいことがある。こうやって社会問題について聞いたり、ニュースを見たりしていると、あまりにも問題が多すぎたり、ひどすぎたりして、「もう、イヤ！」と感じることがあるんだけど、どうしたらいい？

その気持ちは、よくわかります。それに、ひとつの問題が気になると、つぎつぎと新しい別の問題があることに気づくものです。

まずは、限界があることを率直に認めなければなりません。能力も時間もかぎられているし、すべてのことを深く知って理解できるわけでもありません。世界中の問題をひとりで背負いこんでいるような気持ちになってしまったら、それこそ大変です。

十分とは言えないかもしれませんが、そのときそのときにできることをすればいい。それが私の答えです。さっきも言ったように、「おかしくない？」と誰かに言うだけでもいい。もしかしたら、問題を抱えている人がいたら、その人の話に耳を傾けるだけでもいい。そういう団体を調べたら、ときにはがんばっている人をサポートできる場面も、あるかもしれない。そういう団体を調べて、やがてはお金を寄付することもできる。情報を収集・整理して、みんなに知らせることもできる。今はインターネットを使って、自分自身がメディアになることもできる時代です。
そうやって少しずつ情報や理由を交換《こうかん》したり、共有することで社会は変わっていきます。これまでもそうだったし、これからも同じでしょう。

――うーん。でも、社会を変えていくのはたいへんそう。

もちろん、社会を変えること自体が目的ではありません。そう考えたらたいへんすぎます。でも、何か疑問を感じたら、それを他の人に伝えることなら何とかなりそうです。ちょっと言いにくいような「おかしい」という感覚、言葉にするとみんながいやがるかもしれない、そんなモヤモヤとした感じを表に出していくことによって、社会の大きな歪みやまちがいが明らかにされるということは、少なくありません。
第1章で説明したように、「平等」という観念はかならずしも昔から当たり前にあったものではないし、むしろ少数の人が「それはおかしいよ」と周囲を説得しながら定着し、広がってきた歴史があります。また、国と国が締結《ていけつ》する条約のところでも話したように、なぜ平等が大切なのか、粘《ねば》り強くその理由を説明することで、やがてそれは、しぶしぶ条約に加わる国の法律をも変えるような力をもつことがあります。

理由を問うことが繰り返されるなら、やがてそこにある不正な格差を正当化しつづけることができなくなってしまう。すると、奴隷の禁止や男女間の平等のように、誰も本気で信じていなかったことが、いつのまにか誰にとっても当たり前の「正義」になっていくのです。

だから、あなたのなかに生まれた「それって平等なの?」という、ちょっとした違和感を大切にしてください。その答えはすぐにかえってこないかもしれませんが、それを表現するところから、きっと何かがはじまるでしょう。

おわりに

ここまで、みなさんといっしょに、社会のなかの「平等」について対話をすすめてきました。いろいろな時代や国の哲学者や、思想家の人たちのちょっと難しい言葉も紹介したので、考えこんでしまったところもあったかもしれません。

第2章でくわしくお話ししたように、私たちが暮らすこの世界には、人々のあいだに想像できないほど大きな経済的格差があります。日本の社会でも、貧富の差が広がっていると感じている人が多くなっています。「平等とは何か」などという少しまどろっこしい問題はさておき、まずは経済的な格差を小さくする方法や仕組みを考えるべきではないかと思う人もいるでしょう。

けれども、第2章でくわしく説明したような再分配やセーフティネットといった仕組みを考える上でも、先人たちが積み重ねてきた平等についての議論が役に立つと私は思っています。不平等を問題にするときには「何の平等が損なわれているのか?」という大きな問いを避けて通ることはできません。そして、今日《こんにち》問題となっている格差の背景には、歴史的に積み重ねられたさまざまな不平等が絡《から》み合っています。生まれや肌の色、ジェンダー（社会的・文化的な性別）、セクシュアリティ（性的指向や性自認）、職業や教育など。そうしたものの不平等を問うことなしに、ただ経済的な問題として解決することなどできないでしょう。

　第1章で、平等がなぜ大切なのか、どのようにその考え方が広まったのかという歴史についてお話ししました。古代ギリシアで一部の成人男性のみに認められていた「平等」という考え方が、どのように広まっていったのか。はじめは少数派だった意見が、長い時間をかけて議論を積み重ねることで、次第に多くの人を動かし、ついには国のルールである法律やさまざまな制度を変え、あるいは国と国との約束ごとである条約をつくる上での原動力となった過程を、第2章にかけてお話ししました。

　近年、日本で憲法改正の議論がされていることは、みなさんもニュースなどで知っているかもしれません。「多数の暴政」を抑えるための仕組みのひとつである「立憲主義」についても、この本で少しお話ししましたね。ここでひとつだけ、憲法にまつわることばを紹介したいと思います。ユルゲン・ハーバーマス（1929〜）というドイツの哲学者は、『事実性と妥当《だとう》性』という本の中で、憲法が保障する基本的諸権利について、こんなふうに述べています。

基本権は、文体と語彙《ごい》にいたるまで、人間の尊厳に対する抑圧と侵害に立ち向かう、市民の断固たる意思表明・政治的宣言として解されねばならない。ほとんどの基本権条項には、これまでになされた数々の不正が、いわば一語一語否定されるというかたちでその形《けい》跡《せき》をとどめている。

憲法には、不正義に立ち向かった人々の想い、過去の人々の闘いの歴史がいわば一箇《か》条《じょう》一箇条に刻み込まれている、というのです。その闘いの第一歩は、「なにかおかしい」と感じた、たったひとりがあげた声だったかもしれません。

中学生や高校生のころ、私は文学作品を読むのが好きでした。大学に入るころ夢中になって読んだ本のなかに、石牟礼道子《いしむれみちこ》という小説家・詩人が書いた『苦海浄土《くがいじょうど》』もありました。これは、水俣病の実態を被害者の証言をもとに描いた物語で、当時の私にとっては大変ショッキングな作品でした。患者やその家族の想像を絶するような苦しみだけではなく、それを取り巻く政治や社会のあり方について、多くのことを考えさせられました。それと同時に、言葉によって表現する文学の力にも大きな感銘《かんめい》を受けたのです。

私が大学で研究しているのは、政治理論や政治思想の歴史です。政治というのは、人々が協力し合ったり、争ったりしながら共通のルールや目的をつくっていくことです。政治家の言葉はあまり面白くないとか、信用できないと思っている人も多いかもしれません。けれども私は、政治でもっとも大切なのは言葉であると思っています。煽《あお》り立てる言葉だけではなく、語りかける言葉もあります。

この本では、そういう言葉の力によって見過ごされていた不平等が発見され、多くの人によって共有され、解決に向かっていくという過程を強調しました。そのような人々の営みに学ぶことは、今も光のあたっていない、苦しい状況におかれた人たちのために何ができるのかを知るヒントにもなるはずだと思います。いまだ解消されていない不平等のために議論を重ね、さまざまな法律や制度によって改善していくこと。それは政治の役割であると同時に、私たち一人ひとりが考えていかなければならないことでしょう。

政治が「数の力」「金の力」に支配されるのを防ぐために、さまざまな人々が参加し、時間をかけて丁寧《ていねい》な話し合いを重視する「熟議民主主義」についても、第1章で紹介しました。あなたにとっての世界の見え方と、友だちや家族にとっての世界の見え方は、けっして同じではありません。あなたの意見が尊重されるのと同時に、ほかの誰かの意見もまた尊重されなければいけません。そして、意見とはつねに絶対的なものではなく、異なる意見をもつ者同士が対話を重ねるなかで、人々の間でかたちづくられていくものなのだということも、みなさんにぜひ知っていてほしいと思っています。対話の場から排除しない、また排除されないことが、私たちが生きる社会をよりよくしていくうえで、とても大切なことです。

この本が、みなさんが身近な社会の平等について考え、対話をすすめる手助けとなってくれることを切に願っています。

この本は、平凡社編集部の野﨑真鳥さんのお勧《すす》めに応じて書いたものです。不平等がなぜ問題なのか、平等な者として扱われないことがなぜ人にとって過酷なことなのかについて、身近な問題にも触れながら、あらためて考えてみたいと思ったからです。

中学生の読者に読んでもらえる本にすることができるかはじめは少し心配もありましたが、幸いにも、ライターの脇坂敦史さんがわかりやすく文章を構成してくれました。お二人との会話を重ねるなかで、私にとっても新しい問題の発見がありました。野﨑さん、脇坂さんとのコラボによってこの本はできました。心よりお礼を申し上げます。

また、丁寧に校閲をしていただいた平凡社校閲部のみなさんにも感謝いたします。ミスを防ぎ、表現をより適切なものに改めることができました。ぴったりのイラストを描いてくださったのがみもゆこさんにもお礼を申し上げます。

本書は中学生の読者を想定して編まれたものですが、もちろん年齢は関係ありません。

少しでも多くの方に手に取っていただき、「平等ってなんだろう？」と問い直す一助になれば幸いです。

２０２１年９月

齋藤純一

参考にした文献

■ハンナ・アレント（志水速雄訳）『**革命について**』ちくま学芸文庫（1995年）

■エリザベス・アンダーソン（森悠一郎訳）「**平等の要点とは何か**」、広瀬巌編・監訳『**平等主義基本論文集**』勁草書房（2018年）

■エヴァ・フェダー・キテイ（岡野八代・牟田和恵監訳）『**愛の労働あるいは依存とケアの正義論**』白澤社・現代書館（2010年）

■アマルティア・セン（池本幸生・野上裕生・佐藤仁訳）『**不平等の再検討――潜在能力と自由**』岩波現代文庫（2018年）

■アマルティア・セン（池本幸生訳）『**正義のアイデア**』明石書店（2011年）

■ロナルド・ドゥオーキン（木下毅・小林公・野坂泰司訳）『**権利論 増補版**』木鐸社（2003年）

■ロナルド・ドゥオーキン（小林公・大江洋・高橋秀治・高橋文彦訳）『**平等とは何か**』木鐸社（2002年）

■トゥキュディデス（久保正彰訳）『**戦史**』中公クラッシックス（2013年）

■アレクシ・ド・トクヴィル（松本礼二訳）『**アメリカのデモクラシー**』第一巻上・下、岩波文庫（2005年）

■マーサ・ヌスバウム（神島裕子訳）『**正義のフロンティア――障碍者・外国人・動物という境界を越えて**』法政大学出版局（2012年）

■ロバート・ノージック（嶋津格訳）『**アナーキー・国家・ユートピア――国家の正当性とその限界**』木鐸社（1995年）

■ユルゲン・ハーバーマス（河上倫逸・耳野健二訳）『**事実性と妥当性――法と民主的法治国家の討議理論にかんする研究**』上・下、未來社（2002-03年）

■ブランコ・ミラノヴィッチ（立木勝訳）『**大不平等――エレファントカーブが予測する未来**』みすず書房（2017年）
■ブランコ・ミラノヴィッチ（西川美樹訳）『**資本主義だけ残った――世界を制するシステムの未来**』みすず書房（2021年）
■ジョン・スチュワート・ミル（関口正司訳）『**自由論**』岩波文庫（2020年）
■ジョン・ロールズ（川本隆史・福間聡・神島裕子訳）『**正義論 改訂版**』紀伊國屋書店（2010年）
■ジョン・ロールズ（エリン・ケリー編、田中成明・亀本洋・平井亮輔訳）『**公正としての正義　再説**』岩波現代文庫（2020年）
■アイリス・マリオン・ヤング（飯田文雄・苅田真司・田村哲樹監訳）『**正義と差異の政治**』法政大学出版局（2020年）
■ジャン＝ジャック・ルソー（中山元訳）『**人間不平等起源論**』光文社古典新訳文庫（2008年）
■宇野重規『**民主主義とは何か**』講談社現代新書（2020年）
■齋藤純一『**不平等を考える――政治理論入門**』ちくま新書（2017年）
■齋藤純一『**政治と複数性――民主的な公共性にむけて**』岩波現代文庫（2020年）
■宮本太郎『**貧困・介護・育児の政治――ベーシックアセットの福祉国家へ**』朝日新聞出版（2021年）
■森悠一郎『**関係の対等性と平等**』弘文堂（2019年）
■山口慎太郎『**「家族の幸せ」の経済学――データ分析でわかった結婚、出産、子育ての真実**』光文社新書（2019年）

■ Wolff, J. and de-Shalit, A. ***Disadvantage***, Oxford University Press, 2007.
■ T. M. Scanlon, ***Why Does Inequality Matter?*** Oxford University Press, 2018.

図版出典

●21頁　**ジェンダーギャップ指数（2021）上位国及びおもな国の順位**　内閣府男女共同参画局『**共同参画**』2021年5月号（https://www.gender.go.jp/public/kyodosankaku/2021/202105/pdf/202105.pdf）8頁より作成

●22頁　**ジェンダーギャップ指数（2021）各分野における日本のスコア**　21頁と同じ

●85頁　**世界の所得伸び率の分布**　総務省ホームページ（https://www.soumu.go.jp/johotsusintokei/whitepaper/ja/r01/html/nd122130.html）より作成

●99頁　**「再分配所得のジニ係数」の改善の推移**　厚生労働省ホームページ（https://www.mhlw.go.jp/stf/wp/hakusyo/kousei/19/backdata/01-01-08-09.html）より作成

●101頁　**国民負担率の国際比較（OECD加盟35カ国）**　財務省ホームページ（https://www.mof.go.jp/policy/budget/topics/futanritsu/sy202102c.pdf）より作成

●151頁　**人間開発指数（HDI）上位30カ国（2019）**　国連開発計画（UNDP）駐日代表事務所ホームページ「**人間開発報告書2020**」（https://www.jp.undp.org/content/dam/tokyo/docs/Publications/HDR/2020/HDR20%20standalone%20overview_JPN_web.pdf）16頁より作成

齋藤《さいとう》純一《じゅんいち》
1958年生まれ。

早稲田大学大学院政治学研究科博士課程単位取得退学。

現在、早稲田大学政治経済学術院教授。専門は政治理論・政治思想史。

著書に『公共性』『自由』『政治と複数性——民主的な公共性にむけて』(岩波書店)『不平等を考える——政治理論入門』(ちくま新書)、『ロールズを読む』(共著、ナカニシヤ出版)など。

中学生の質問箱
平等ってなんだろう？
あなたと考えたい身近な社会の不平等

発行日　2021年11月10日　初版第1刷

著　者　齋藤純一
編　集　野﨑真鳥(平凡社)
構成・編集　脇坂敦史
発行者　下中美都
発行所　株式会社平凡社
〒101-0051 東京都千代田区神田神保町3-29
電話　03-3230-6593(編集)
03-3230-6573(営業)
振替　00180-0-29639
平凡社ホームページ https://www.heibonsha.co.jp/
装幀+本文デザイン　坂川事務所
イラスト　のがみもゆこ
DTP　株式会社言語社
印刷・製本　中央精版印刷株式会社

ISBN978-4-582-83882-4
NDC分類番号316.1　四六判(18.8cm)　総ページ208